Felix Ekardt

Jahrhundertaufgabe Energiewende

W0195405

Felix Ekardt

Jahrhundertaufgabe Energiewende

Ein Handbuch

Ch. Links Verlag, Berlin

Die Deutsche Nationalbibliothek verzeichnet diese Publikation
in der Deutschen Nationalbibliografie;
detaillierte bibliografische Daten sind im Internet über
www.dnb.de abrufbar.

1. Auflage, Oktober 2014
© Christoph Links Verlag GmbH
Schönhauser Allee 36, 10435 Berlin, Tel.: (030) 44 02 32-0
www.christoph-links-verlag.de; mail@christoph-links-verlag.de
Umschlaggestaltung unter Verwendung einer Illustration
von Wieslaw Smetek, © Wieslaw Smetek
Satz: Agentur Marina Siegemund, Berlin
Druck und Bindung: Druckerei F. Pustet, Regensburg

ISBN 978-3-86153-791-5

Inhalt

II
Maßnahmen der Energiewende: Technische Lösungen oder Änderung unseres Lebensstils?

III
Voraussetzungen für Veränderungen
beim Einzelnen und in der Gesellschaft:
Wie gelingt eine echte Energiewende?

IV
Politik der Energiewende:
Erfolge, Misserfolge und Alternativen

V
Nachhaltigkeit, Gerechtigkeit, Glück:
Perspektiven der Energiewende

Anhang

Vorwort und Kerngedanken des Buches

Die Energiewende ist das größte Projekt des 21. Jahrhunderts, will sich die Menschheit in einer endlichen Welt dauerhaft einrichten. Die deutsche Diskussion konzentriert sich bisher auf einen kleinen Ausschnitt, auf Strom. Und auch dort, erst recht aber bei der Energie- und Klimabilanz insgesamt, sind Deutschland und die EU keineswegs die allseits behaupteten Vorreiter. Die bisherige Politik bleibt vielmehr weit hinter den Anforderungen an zukunftsfähige Gesellschaften zurück. Außerdem wird die Energiewende neben technischen Maßnahmen (wie den Ausbau der erneuerbaren Energien), auf die sich die Debatte fast ausschließlich konzentriert, auch Verhaltensänderungen einschließen müssen. Gelingen kann die Energie- und Klimawende nur in einem Wechselspiel aus gesellschaftlichem Wandel und – als zentraler Maßnahme – einer konsequenten Verteuerung der endlichen und klimaschädlichen fossilen Brennstoffe. Der soziale Wandel muss dabei weniger auf Wissen als vielmehr auf unsere Normalitätsvorstellungen, Gefühle und Eigennutzenkalküle abzielen; und das hat wenig zu tun mit der häufigen Pauschalforderung nach mehr Umweltbildung. Eine ernsthafte Energiewende ist nicht bevormundend, sondern ermöglicht Freiheit langfristig und weltweit durch klare Rahmensetzungen und Spielregeln. Und sie gefährdet die soziale Verteilungsgerechtigkeit nicht, sondern bewahrt und fördert sie. Eine postfossile Welt ist auch nicht langweilig und traurig, sondern bietet neue Perspektiven für ein glückliches, gelingendes Leben.

Das sind die zentralen Thesen dieses Buches, das meine Arbeit mit meiner Forschungsstelle Nachhaltigkeit und Klimapolitik der letzten Jahre, teilweise auch Jahrzehnte, für ein breiteres Publikum zusammenfasst.[1] Adressat ist der politisch Handelnde, der gesellschaftlich Engagierte, die interessierte Bürgerin. Es geht um einen gut verständlichen Überblick, aber auch um eine kritische Analyse, was Deutschland (und die EU) bisher wirklich erreicht haben in puncto Energie- und Klimawende. Nämlich relativ wenig. Da hilft uns auch das beliebte USA- und China-Bashing wenig, das teilweise zudem von Fehlannahmen ausgeht. Etwa der, die EU und Deutschland seien klar auf dem Weg zu nachhaltigen Lebens- und Wirtschaftsweisen.

Wenn drei Milliarden Chinesen, Inder, Brasilianer, Mexikaner, Südafrikaner und Indonesier das westliche Wohlstandsmodell kopieren, entsteht in unserer bereits durch die Konsuminteressen der Industriestaaten und der oberen Mittelschichten in den Schwellenländern überforderten Welt massiver Handlungsbedarf. Das Problem der Energie- und Klimawende, wo es um den Ausstieg aus den endlichen und klimaschädlichen fossilen Brennstoffen geht, ist nur ein besonders zentrales Beispiel hierfür. Im Wechselspiel mit einem gesellschaftlichen Wandel ist auch eine bessere Politik nötig. Viele unterschätzen hier insbesondere die Möglichkeiten des Emissionshandels und von Ökosteuern aufgrund deren noch zu betrachtenden aktuell begrenzten Erfolgen. In einer gründlich revidierten Form machen solche Instrumente die fossilen Brennstoffe Öl, Gas und Kohle schrittweise in sämtlichen Lebensbereichen teurer und sind – einige Vorschläge zur Weiterentwicklung werde ich darlegen – zentrale Elemente einer Energie- und Klimawende. Dann wird fossile Energie teurer, und Unternehmen und Bürger steigen stattdessen massiv auf Energieeffizienz und erneuerbare Energien um. Nicht nur in Benzin und Strom, auch in Heizenergie, in Dünger, in jedem Produkt, in Kunststoffen, im Konsum insbesondere tierischer Lebensmittel, in der Unterhaltungselektronik, im Transport von Waren stecken die fossilen Brennstoffe. Es gilt auch zu zeigen, wie hier Europa statt bloß einzelner Staaten ernsthaft vorangehen könnte, wenn andere (erwartbar) nicht wirklich mitziehen wollen – und zwar ohne Einbußen bei der wirtschaftlichen Wettbewerbsfähigkeit.

Jedweder Vorschlag für konkrete politisch-rechtliche Maßnahmen – von denen eben nur eine genannt wurde – muss sich heutzutage auf den Einwand gefasst machen, man solle doch die Bürger, die freie Wirtschaft und die demokratische Politik nicht zu bevormunden versuchen. Doch geht dieser Einwand ins Leere, wie wir noch näher sehen werden, denn er verkennt, dass Freiheit auch den Schutz von Freiheit durch klare Regeln bedeutet. Und der Einwand verrät auch, wie gut wir uns in unserer heutigen westlichen Welt in einer zwar wunderbar freien und wohlhabenden, in den Konsequenzen aber ziemlich eigenartigen Normalität eingerichtet haben. In der ein paar Euro Stromkosten offenbar wichtiger sind als Überlebenschancen für Millionen Menschen in Zukunft.

Es geht hier um ein eher gesellschaftspolitisches Energie-Buch, nicht um ein weiteres naturwissenschaftliches (oder rein ökonomisches) Werk. Strom, Kosten, Atomenergie, Kapazitätsmärkte und Energieleitungen sind selbstredend Punkte für ein Energiewendebuch, doch bilden sie weitgehend oder gar allein den Schwerpunkt, verfehlt man die Jahrhundertaufgabe Energiewende.[2] Trotzdem werden die komplexen ökonomischen und technischen Zusammenhänge ebenfalls betrachtet, die diese Jahrhundertaufgabe mitbestimmen. Denn Technik bietet große Chancen. Gleichzeitig kann ein sehr hypothetisch grundierter Glaube an problemlösende Wundertechnologien fatal sein. Oder an vermeintliche »Brückentechnologien« wie Kohlekraftwerke, die in Wirklichkeit ein zentrales Hindernis für die Energiewende sind – und entgegen einer gängigen Mär nicht einmal dauerhaft wirtschaftlich sind. Jedenfalls verlangt die Energie- und Klimawende auch ein genuin politisches Denken, jenseits des zunehmend auf Personen und Storys zugeschnittenen Teufelskreises von Politik und Medien in der Stimmungsdemokratie.

Es liegt nicht allein am eher gesellschafts- als naturwissenschaftlichen Charakter des Buches, dass Quantifizierungen und Zahlenschlachten nachstehend weniger im Zentrum stehen (wenngleich auch ich natürlich Zahlen in den Blick nehme). Journalisten und Politiker – und viele andere – vermuten hinter Zahlen zwar oftmals besondere Seriosität. Doch in Wirklichkeit ist oft das Gegenteil der Fall. Zahlen sind wertlos, wenn man nicht genau betrachtet, wie sie zustande gekommen sind, welche Abschätzungen, Annahmen und Vermutungen getroffen wurden, die man so vielleicht gar nicht hätte treffen sollen, was dann zu einem völlig anderen Ergebnis geführt hätte. Zudem wird mit »konkreten Zahlen« eine präzise Messbarkeit und Vorhersagbarkeit der Zukunft sowie von gesellschaftlichen und technischen Entwicklungen suggeriert, die es so nicht gibt. Unsere Zukunft ist offen, und noch haben wir viele Möglichkeiten, die Energie- und Klimawende so zu gestalten, dass auch unsere Nachkommen – und Menschen in allen Teilen der Erde – über eine solche offene Zukunft verfügen werden.[3]

I
Ausgangspunkte der Energiewende: Klimawandel, Wirtschaftlichkeit und vermeintliche Vorreiter

1. Herausforderung des Jahrhunderts: Energiekrise, nicht Eurokrise

Die Themen Energie und Klima unterliegen Konjunkturen. Mal sind sie tagelang in den Schlagzeilen, wenn das Erneuerbare-Energien-Gesetz geändert oder ein neuer Weltklimavertrag verhandelt wird, dann tauchen sie wieder längere Zeit ab. Die breite Öffentlichkeit und viele in Politik und Unternehmen sehen häufig andere Themen im Vordergrund. Eurokrise, Arbeitsplätze, Wirtschaftswachstum, militärische Verwicklungen oder einfach aktuelle Unglücksfälle. Kommen einmal grundsätzliche Themen zur Sprache, sind es eher solche wie der demografische Wandel, die Zukunft der Sozialsysteme oder die Zukunft der Privatheit im digitalen Zeitalter.

Alle diesen Themen sind unbestreitbar bedeutsam. Doch alle Freiheit und jeder Wohlstand unterliegen der Vorbedingung, dass eine menschenwürdige Existenz auf dieser Erde überhaupt möglich ist. Die Welt ist physikalisch endlich. Dass daraus in der Schnittmenge von Ressourcenendlichkeit, Umweltproblemen, Welternährung und Demografie – trotz aller technischer Innovationen – mindestens langfristig eine gravierende Problemlage zu entstehen droht, ist seit dem Meadows-Bericht an den Club of Rome zu den Grenzen des Wachstums von 1972 vielfach beschrieben worden.[1] Dieses Problem ließe sich für ganz unterschiedliche lebenswichtige Ressourcen verfolgen. Etwa für Trinkwasser oder (vielleicht für manchen überraschend) Phosphor als Dünger, bestimmte Metalle oder stabile Ökosysteme (Gewässer, Böden, Wälder etc.) und Artenvielfalt (Biodiversität) mit ihrer ebenso existenziellen wie ökonomischen Bedeutung für den Menschen. Wir konzentrieren uns hier auf das besonders zentrale Energiethema, einschließlich der fatalen Nebenwirkung der Nutzung fossiler Brennstoffe, des Klimawandels.

Der Menschheit drohen nicht nur die Quellen ihrer bisherigen Energieversorgung auszugehen, insbesondere Öl und

Gas, mittelfristig dann auch die Kohle. Die Menschheit steht auch vor einer epochalen globalen Erwärmung, die durch menschlich verursachte hohe Treibhausgasausstöße herbeigeführt wird (näher in Abschnitt 4). Es geht dabei um Gase wie Kohlendioxid, Methan und Lachgas: Sie entstehen kurz gesagt bei der Nutzung fossiler Brennstoffe für Strom, Wärme, Treibstoff und stoffliche Verwertungen wie Kunstdünger und Kunststoffe, aber gelegentlich auch bei anderen Vorgängen wie Ackerbearbeitung, Entwaldungen und bestimmten industriellen Prozessen. Treibhausgase halten sich oft Jahrzehnte oder gar Jahrhunderte in der Atmosphäre und hemmen dort die Rückstrahlung der Sonnenwärme, die auf die Erde fällt. Der Klimawandel ist also physikalisch ein Treibhauseffekt. Ein zumindest halbwegs stabiles Globalklima ist schlicht und einfach eine elementare Grundlage der menschlichen Existenz. Fehlt es daran, büßen Debatten über Arbeitsplätze oder die Zukunft der Rente ihre physische Basis ein.

Doch gibt es ihn wirklich, den (in wesentlichen Teilen) menschgemachten Klimawandel? Was genau ist Inhalt und Rolle speziell der deutschen Energiewende?[2] Und wie knapp sind die fossilen Brennstoffe? Ist eine Energie- und Klimawende nicht völlig unwirtschaftlich und einfach nur ein Stromkostentreiber? Und ist das Ganze nicht eher ein Fall höherer Gewalt, unlösbar, jedenfalls keine realistische Aufgabe für Deutschland und die EU? Und welche Chancen bieten neue Technologien? Ist das Ganze überhaupt ein technisches Problem? Wie nötig und wie wahrscheinlich ist ein gesellschaftlicher Wandel – und sind »die Politiker«, »die Unternehmen« oder eher »die Konsumentinnen« schuld? Auf solche Fragen müssen wir zurückkommen, ebenso wie darauf, welche politischen Maßnahmen sinnvoll ergriffen werden können, ob sie aus ethisch-menschenrechtlicher Sicht vielleicht sogar dringend ergriffen werden sollten – und ob all das eine Gefahr oder eher eine Chance fürs menschliche Glück darstellt.

2. Energie: Kurze Geschichte eines existenziellen, knappen Gutes

Was ist eigentlich Energie? Energie ist eine fundamentale physikalische Größe. Lebewesen benötigen sie, um existieren zu können, und Energie ist notwendig, um Körper zu beschleunigen oder zu bewegen und Substanzen zu erwärmen. Energie im vorliegenden Buch bezieht sich allerdings nicht so sehr darauf, dass zum Beispiel ich etwas essen muss, um dieses Buch gerade schreiben zu können, sondern auf die alltagssprachliche Bedeutung von Energie im Sinne von Strom, Wärme und Treibstoff.

Auch in diesem engeren Begriffsverständnis nutzen Menschen schon seit sehr langer Zeit Energie, deutlich länger sogar, als es den Homo sapiens sapiens gibt. Vor einigen hunderttausend Jahren erlernten menschliche Vorfahren die Fähigkeit, zufällig entstandene Feuer für ihre Zwecke zu nutzen, und dann, Feuer gezielt zu erzeugen. In historischer Zeit wurden die Wege der Energiegewinnung und -nutzung vielfältiger, wobei letztlich immer die Sonne die Energiequelle blieb: Brennbare Materialien wie Holz wurden verfeuert, Windenergie (auch Wind ist ja von der Sonne abhängig) wurde für Mühlen eingesetzt, Schiffe wurden vom Wind mittels Segeln bewegt.[3]

Eine wesentliche Veränderung trat mit der industriellen Revolution zwischen 1750 und 1900 ein. Die Erfindung der Dampfmaschine und die einsetzende massenhafte Verfeuerung der fossilen Brennstoffe Kohle und dann auch Öl und Gas stellte scheinbar unendliche Energiemengen zur Verfügung. Nach dem Zweiten Weltkrieg trat noch die friedliche Nutzung der Atomenergie hinzu. Zugleich ist damit ein Hauptkapitel der Geschichte von Wachstum, Wohlstand und Kapitalismus aufgeschlagen: Durch die Dampfmaschine und sodann durch die (letztlich dem gleichen Prinzip folgende) Verstromung der fossilen Brennstoffe konnte massiv mehr produziert werden als in früheren Zeiten. Dies und der Einsatz der fossilen Brennstoffe für Maschinen und Kunstdünger auch in der Landwirtschaft ermöglichten ein massives Bevölkerungswachstum. Ebenso entstanden ganz neue, um ein Vielfaches schnellere Fortbewegungsformen, bequemere Wohnformen und vieles andere mehr.

Der moderne Einsatz fossiler Brennstoffe hat damit eine wirtschaftliche Entwicklung in Gang gesetzt, die das menschliche Leben in vielerlei Hinsicht angenehmer, gesünder und schlicht auch länger gemacht hat: Auch moderne Geburtsmedizin, Antibiotika und vielerlei sonstige Vorkehrungen gegen Lebensrisiken wären ohne die Energierevolution seit der Frühen Neuzeit kaum denkbar gewesen. Auch Verteilungskonflikte zwischen Armen und Reichen konnten in den letzten 200 Jahren aufgrund des steigenden Wohlstands relativiert und damit Frieden und Freiheit durchaus gefördert werden. Allerdings trifft diese Aussage zunächst einmal für die Industriestaaten und die Oberschicht in einigen Schwellenländern zu; und sie besagt auch nichts darüber, ob langfristig die genannten Vorteile womöglich mit massiven Problemen erkauft werden. Jedenfalls konzentriert sich die Energieversorgung bisher auf die fossilen Brennstoffe, in eher kleinen Teilen ergänzt durch Atomenergie und erneuerbare Energien, sofern man nicht allein den Stromsektor betrachtet, in dem die letztgenannten beiden in Deutschland stärker vertreten sind.

Der heutige Lebensstandard ist in hohem Maße energieintensiv und damit existenziell von Energie abhängig. Wir sahen es bereits: Nicht nur in Benzin und Strom, auch in Heizenergie, in Dünger, in jedem Produkt, in Kunststoffen, im Konsum insbesondere tierischer Lebensmittel, in der Unterhaltungselektronik, im Transport von Waren stecken die fossilen Brennstoffe. Nur wenigen dürfte bewusst sein, welche existenziellen Folgen das plötzliche Stocken der Energieversorgung haben würde. Bricht etwa durch Katastrophen oder gezielte Sabotage die Stromversorgung für einen längeren Zeitraum als einige Stunden in einer größeren Region zusammen, laufen nicht etwa nur MP3-Player und Fernseher nicht mehr. Auch die Produktions- und Kühlketten für Lebensmittel sind weitgehend von Strom abhängig.

Die große Bedeutung der Energieversorgung und die hohen Kosten der fossilen Brennstoffförderung, der Großkraftwerke und des Stromnetzes haben dazu beigetragen, dass der Energiemarkt seit Ende des 19. Jahrhunderts als Oligopol (nur sehr wenige Anbieter teilen sich den Markt und können ihn daher weitgehend bestimmen) mit teils großer Staatsnähe konzipiert wurde. Daran hat sich in Ländern wie Deutschland, Frankreich, Großbritannien oder USA jahrzehntelang wenig geändert. Im besonders staatsnahen – und oft direkt staatlichen – Strombereich gibt es allerdings seit 20 Jahren einen gegenläufigen Trend: Da inzwischen eine rechnerische Scheidung unterschiedlicher Stromanbieter und ihres Stroms im gleichen Netz möglich ist, entsteht zunehmend Wettbewerb im Strommarkt, teilweise auch eine verstärkte Privatisierung der Unternehmen und eine Entflechtung etwa von Stromnetzbetrieb und Stromerzeugung. Diese in Europa durch EU-Richtlinien getriebene Entwicklung hat allerdings wenig daran geändert, dass im Energiemarkt insgesamt und gerade auch im Strommarkt eine deutliche Übermacht einiger weniger Unternehmen zu beobachten ist – in Deutschland RWE, E.ON, Vattenfall und EnBW.

3. Die Entwicklung einer Debatte: Von den Grenzen des Wachstums bis Fukushima

Die fossilen Brennstoffe sind durch erdgeschichtliche Ablagerungen entstanden, und die Erde ist ein endlicher Planet. Daher kann es nicht verwundern, dass schon seit langem Knappheitsprobleme von Energie diskutiert werden. Auch die Diskussion über die Schädlichkeit der Nutzung insbesondere fossiler Brennstoffe ist nicht neu. Beispielsweise wurde schon in der Frühen Neuzeit intensiv über den Waldverlust auch aufgrund von Verhüttungsprozessen für die Metallherstellung diskutiert, und auch die Schädlichkeit der Abluft bei Verbrennungsprozessen ist kein neues Thema.[4] Das Wissen, dass sich solche Wahrnehmungen bereits in früheren Zeiten zu expliziten Katastrophenwahrnehmungen verdichtet haben, ohne dass es dann tatsächlich etwa zu einer katastrophalen Situation kam, mahnt dazu, bei aller Dramatik aktueller Problemlagen wie des Klimawandels nicht anzunehmen, dass man die Zukunft definitiv vorhersagen könnte.

Eine breite gesellschaftliche Diskussion zum Thema Ressourcenknappheit wie auch zum Thema Umweltschäden (auch) aufgrund der fossilen Brennstoffverfeuerung gibt es seit Ende der 1960er Jahre. Marksteine sind etwa die aufkommende Heimatschutzbewegung im 19. Jahrhundert, vor allem aber der Bericht zu den Grenzen des Wachstums an den Club of Rome von Dennis Meadows und anderen 1972 sowie die einsetzende Diskussion über die Atomenergie, die in einem eigenen Abschnitt später näher behandelt wird. Die Atomdebatte hat international und verstärkt noch in Deutschland durch die Reaktorunglücke in Tschernobyl 1986 und Fukushima 2011 entscheidende Wendungen genommen. Galt die Atomenergie ursprünglich als Wundertechnologie und Wegweiser ins Paradies unendlicher Energieverfügbarkeit, gewann in der Debatte zunehmend die Risikowahrnehmung die Oberhand. Nach Fukushima wurde dann von der Bundesregierung ausdrücklich die »Energiewende« ausgerufen, wobei es sich hier eigentlich um einen jahrzehntealten Begriff aus dem Freiburger Öko-Institut handelt.[5] In Deutschland markiert der Begriff denn bisher auch primär den Atomausstieg sowie die zunehmende Verstromung von erneuerbaren Energieträgern.

Im Streit um das Energie- und Klimathema wirkt sich bis heute aus, dass die Umweltbewegung in den Industriestaaten (mindestens) zwei recht unterschiedliche Wurzeln hat: den schon erwähnten, meist nationalkonservativen Heimatschutz des späten 19. Jahrhunderts und die eher progressive und oft staatskritische Anti-Atom-Bewegung. Es ist teilweise auch historisch zu erklären, dass heute bis in die Umweltverbände hinein zuweilen die einen gegen »naturzerstörende Windräder« und die anderen gegen »monopolkapitalistische klimaschädliche Großkraftwerke« kämpfen wollen. Dass bei näherer Betrachtung beide Themen ökologisch ernst zu nehmen sein können, gerät manchmal in hitzigen Streits unter die Räder.

4. Klimawandel und Ressourcenendlichkeit in der seriösen Forschung

Schon über die Frage, wie endlich denn die fossilen Brennstoffe sind, kann man lange streiten. Die einen meinen, dass Öl und Gas noch für ein paar Jahrzehnte reichen und Kohle noch für 100 Jahre, andere geben der Kohle noch 500 Jahre.[6] Unklar ist auch, inwieweit neue, häufig mit großen Umweltrisiken verbundene Ausbeutungstechnologien die verfügbaren Energiemengen vergrößern – wie das Fracking zur Erschließung unkonventioneller Gasvorkommen. Doch lohnen Zahlenschlachten darum, ob etwa der Höhepunkt der Ölförderung (»Peak Oil«) schon überschritten ist, nicht sonderlich. Denn erstens ist die prinzipielle – und auch durchaus absehbare Zeiträume betreffende – Endlichkeit der fossilen Brennstoffe unbestreitbar. Und zweitens gibt es mit dem Klimawandel einen massiven Grund dafür, keinesfalls auch noch die letzte Tonne Kohle zu verbrennen, sondern vielmehr zeitnah auf die im Grundsatz treibhausgasfreien und regenerationsfähigen erneuerbaren Energien umzusteigen.

Auch wenn man zuweilen einen anderen Eindruck vermittelt bekommt: Der grundsätzliche naturwissenschaftliche Befund zum Klimawandel und zum dafür ursächlichen Treibhauseffekt ist nahezu eindeutig, auch dank des hohen Vernetzungsgrades der gesamten weltweiten (allerdings fast nur natur- und wirtschaftswissenschaftlichen) Klimaforschung im bei der UN angesiedelten Intergovernmental Panel on Climate Change. Der IPCC wird auch Weltklimarat genannt. Bedingt durch einen anhaltend hohen Ausstoß von Treibhausgasen sind die globalen Durchschnittstemperaturen in den letzten 100 Jahren bereits um rund 1 Grad Celsius gestiegen. Bis zum Jahr 2100 werden, bei unveränderter Entwicklung, globale Erwärmungen von insgesamt 3 bis 6 Grad prognostiziert, eventuell auch mehr. Insbesondere dann, wenn die Schwellenländer wie China oder Indien den westlichen Lebensstil zunehmend imitieren. Und insbesondere auch deshalb, weil sich gegenwärtig abzeichnet, dass die Klimaforschung in ihren Prognosen bisher eher noch zu zurückhaltend war: Dies macht auch der 2014 erschienene fünfte Sachstandsbericht des IPCC deutlich.[7]

In den Details unterliegen derartige Prognosen natürlich stets Unsicherheiten. Diese betreffen vor allem die Rückkopplungseffekte eines einmal in Gang gekommenen Klimawandels. Zwar sind bestimmte dämpfende Rückkopplungseffekte in den Klimamodellen, aufgrund derer die Klimaprognosen errechnet werden, bereits weitgehend enthalten. Dagegen sind den Klimawandel verstärkende, womöglich massive Rückkopplungseffekte bisher modelltheoretisch nur unzureichend erfasst. Dies betrifft etwa polare Eisflächen, die wegen der globalen Erwärmung abschmelzen – und die dann weniger Sonnenlicht ins All zurückreflektieren, was den Klimawandel weiter anheizt. Andere Beispiele für verstärkende Rückkopplungseffekte sind die Rolle einer klimaerwärmungsbedingt steigenden Wasserdampfmenge weltweit; die Rolle einer veränderten Wolkenbildung; die Rolle der Ozeane und der marinen Fauna; die Treibhausgasfreisetzung tauender Permafrostböden. Berechnungsunsicherheiten bestehen ferner bei der Landwirtschaft, also besonders bei der Freisetzung von Lachgas und Methan, und vor allem bei der globalen Entwaldung, die rund 20 % zum Klimawandel beiträgt. Aussagen der Klimaforschung sind daher bisher eher vorsichtig und keineswegs alarmistisch oder übertrieben.

Mit ziemlicher Sicherheit aber sind die IPCC-Prognosen nicht zu weitgehend, auch wenn einzelne Klimaskeptiker, klassisch etwa Björn Lomborg, dies unverändert behaupten. Die Klimaskeptiker[8] sind vom IPCC fachlich durchgängig nicht anerkannt. Sie übertreiben tendenziell den Grad der Unsicherheit in den Klimavorhersagen und untertreiben die prognostizierten Schäden, indem beispielsweise die allein – aber nicht nur – von der Kostenseite her drastischen Folgen gewaltsamer Auseinandersetzungen um knapper werdende Ressourcen unberücksichtigt bleiben.[9] So übergehen sie, dass bestimmte negative Entwicklungen durch bisherige Treibhausgasausstöße sich erst mit (mindestens) mehreren Jahrzehnten Verzögerung zeigen dürften, da sich Treibhausgase lange in der Atmosphäre halten. Auch wird übersehen, dass wegen der physikalischen Grenzen der Erde die Welt voraussichtlich nicht unbegrenzt reicher werden kann und deshalb nicht einfach angenommen werden kann, dass die Klimaschäden durch den gewachsenen Wohlstand aufgefangen werden würden. Es fragt sich auch, warum Lomborg auf den angeblich viel zu teuren Klimaschutz und nicht auf die Weltrüstungsetats für künftige oder gar schon heutige Ressourcenkriege (Darfur) schaut, wenn er mehr Geld für die AIDS- und Malariabekämpfung fordert – zudem niemand davon spricht, wegen der Klimapolitik die AIDS-Bekämpfung einzustellen.

Ein Klimawandel in besagter Größenordnung hätte nach seriösem gegenwärtigem Kenntnisstand massive ökonomische Schäden zur Folge (näher dazu im Abschnitt 5). Und er wäre eine massive Existenzgefährdung für Millionen, wenn nicht für Milliarden Menschen. Er würde wohl auch gigantische Migrationsströme auslösen und damit – sowie durch zunehmende Wasser- und Nahrungsknappheit – häufige gewaltsame Auseinandersetzungen wahrscheinlicher machen. Damit liegt es unmittelbar nahe, dass der Menschheit der Klimawandel nicht egal sein sollte. Die Naturwissenschaftler stellen denn auch einschneidende Forderungen, wenn man die beschriebenen katastrophalen Entwicklungen halbwegs sicher vermeiden will. Rechnerische Einzelheiten lassen wir hier beiseite,[10] doch gerade wenn man die teilweise noch unverstandenen Rückkopplungseffekte einbezieht, ergeben sich drastische Reduktionserfordernisse. Dafür spricht auch die bisher sehr ungleiche Verteilung der Pro-Kopf-Emissionen weltweit, liegen doch Länder wie Deutschland immer noch beim rund 30-Fachen der Pro-Kopf-Emissionen in manchen Staaten etwa im südlichen Afrika. Außerdem können bereits 2 bis 2,4 Grad globale Erwärmung substanzielle Bedrohungsszenarien zur Folge haben. Folgerichtig spricht der EU-Ministerrat in einer Entschließung vom März 2009 und seitdem häufiger von Emissionsreduktionen von bis zu 95 % in der EU bis 2050 gemessen am international üblichen Basisjahr 1990.[11] Da etwa der Landwirtschaftssektor gewisse nahezu unvermeidbare Emissionen aufweist, könnte dies für den Strom- und Wärmesektor sogar negative Emissionen erforderlich machen,[12] also die Rückgewinnung von Treibhausgasen aus der Atmosphäre.

Aus einer technischen Perspektive geht es mit der Endlichkeit der fossilen Brennstoffe und der Nebenfolge Klimawandel um einen Übergang zu den weitgehend emissionsfreien erneuerbaren Energien wie Sonnenenergie, Windkraft, Wasserkraft, Geothermie, vielleicht auch Bioenergie. Zugrunde liegt aber eine andere Frage: Inwieweit sollen bestimmte, unsichere, möglicherweise aber drastische negative und irreversible Folgen in der Abwägung mit Gegenwartsinteressen abgewendet oder hingenommen werden? Das jedenfalls ist keine naturwissenschaftliche Frage, sondern eine an die Politik und an die normativen Wissenschaften Recht und Ethik: Aus einer Naturbeobachtung als solcher folgt nicht logisch, dass diese Beobachtung zu begrüßen oder zu kritisieren ist. Die ethische, politische und rechtliche Fragestellung wird uns noch näher beschäftigen.

5. Es geht nicht nur um Strom: Was in der Energiewende-Diskussion meist ausgeblendet wird

Wenn vom Energie- und Klimaproblem die Rede ist, entsteht häufig der Eindruck, es gehe nur um Strom. Die gesamte deutsche Energiewende-Diskussion seit Fukushima ist eigentlich eine Stromwende-Diskussion. Es geht um Atomstrom, regenerativen Strom, Kohlestrom oder Stromleitungen. Häufig wird das Kohlethema dabei sogar ebenfalls an den Rand gerückt, obwohl Kohle der klimaschädlichste Energieträger ist. Schlimmstenfalls wird Strom zuweilen noch auf den Endverbraucher reduziert, also auf den Strom aus der Steckdose, obwohl doch in der Herstellung jedes Produkts Energie und zumeist auch Strom steckt. Übersehen wird weiterhin, dass auf knappe und auch wegen ihrer Nebenfolgen (wie dem Klimawandel) problematische Brennstoffe nicht nur durch neue Energieträger reagiert werden kann. Ein wichtiger Aspekt könnte auch eine technisch effizientere Verwendung von Energie sein, also die Erbringung einer bestimmten Leistung mit geringerem Energieeinsatz. Oder Verhaltensänderungen dahingehend, dass bestimmte energierelevante Leistungen weniger nachgefragt werden. Doch davon ist in der aktuellen Diskussion wenig zu spüren.

Was von einzelnen erneuerbaren Energien sowie der Kohle, der Atomenergie, der Energieeffizienz oder auch Verhaltensänderungen zu halten ist, wird erst ab Abschnitt 8 behandelt. Hier interessiert zunächst, dass Energie nicht mit Strom gleichzusetzen ist.[13] Vielmehr werden bisher fossile Brennstoffe in etwa gleichen Teilen für Strom, Wärme, Treibstoff und stoffliche Nutzungen wie Kunstdünger und Kunststoffe eingesetzt.[14] Neben der Nutzung der fossilen Brennstoffe ergeben sich Treibhausgasemissionen wie gesagt auch aus bestimmten Industrieprozessen, Landnutzungsänderungen oder Entwaldungen. In der Landwirtschaft ist ein wesentlicher Punkt zunächst direkt mit Bezug zu den fossilen Brennstoffen, dass Dünger extrem energieintensiv hergestellt wird. Vor allem Öl wird dafür eingesetzt. Bei der Entwaldung ist nicht nur die eigentliche Kohlendioxidfreisetzung etwa beim Niederbrennen von Regenwald für die Futtermittel- oder Bioenergieproduktion problematisch. Vielmehr führen Entwaldungen und andere Landnutzungsänderungen wie etwa ein Umbruch von Grünland hin zu Ackerland auch dazu, dass aus den Böden Methan und Lachgas freigesetzt wird.

Schon gar nicht ist die Energiewende reduzierbar auf den Atomausstieg oder auf das deutsche Erneuerbare-Energien-Gesetz (EEG), das regenerativ erzeugten Strom durch attraktive feste Tarife in den Markt bringt und das uns in Abschnitt 24 noch näher beschäftigen wird. Es geht bei der Energiewende um den Ausstieg aus den fossilen Brennstoffen (aus Gründen von Ressourcenknappheit und Klimawandel) sowie aus der Atomenergie (aus Gefährdungsgründen):

Strom, Wärme, Treibstoff und stoffliche Nutzungen der fossilen Brennstoffe sind damit relevant. Das EEG ist ein Gesetz nur zum Strom. Und es behandelt nur den Energieträger. Um Fragen von Effizienz und Suffizienz geht es im EEG im Wesentlichen gar nicht.

6. Wirtschaftliche Chancen und Probleme: Ist die Energiewende teuer?

Die deutsche Energiewende-Debatte handelt neben den Risiken der Atomenergie (dazu in Abschnitt 9) häufig vor allem von den vermuteten Kosten des Erneuerbare-Energien-Ausbaus. Daran ist zutreffend, dass ein grundlegender Energieträgerwechsel Geld kostet. Wenn der Staat wie in Deutschland Festpreise für erneuerbaren Strom festlegt und diese dann auf alle Stromverbraucher umverteilt werden, hat das seinen Preis (näher zum EEG in Abschnitt 24). Da Wind und Sonne nicht ständig wehen beziehungsweise scheinen, erfordert eine Konzentration auf erneuerbare Energien ferner mehr Stromleitungen und Stromspeicher, was ebenfalls Kosten verursacht. Doch ist der eben schon kritisierte einseitige Fokus auf Strom statt auf Energie insgesamt problematisch. Bei genauerer Betrachtung erscheint zudem eine konsequente Energiewende als besonders probates Mittel gegen steigende Kosten. Im Einzelnen sind folgende Gesichtspunkte relevant dafür, dass eine ernsthafte Energiewende volkswirtschaftlich, nicht selten aber auch für den Einzelnen betriebswirtschaftlich große Vorteile verspricht:[15]

- Das Setzen auf erneuerbare Energien und Energieeffizienz ist ein wesentlicher Baustein, um überhaupt dauerhaft Strom, Wärme und Treibstoff zu akzeptablen Preisen zur Verfügung zu haben. Denn die fossilen Brennstoffe sind endlich, werden also knapper und immer teurer werden. Dies zeichnet sich schon heute deutlich ab. Damit stabilisieren die erneuerbaren Energien die Energiepreise spätestens mittelfristig.

- Die Energiequellen Wind und Sonne können Strom schon jetzt zu etwa gleichen Kosten erzeugen wie neue Kohle- oder Gaskraftwerke und sehr viel günstiger als Atomkraft.[16]
- Erneuerbare Energien sind im Inland verfügbar und machen daher von Preissprüngen auf den internationalen Märkten unabhängig.
- Bei alledem ist noch nicht einmal berücksichtigt, dass aktuell die Strompreise für Endverbraucher dadurch in die Höhe getrieben werden, dass gemäß dem EEG weite Teile der Industrie von der Beteiligung an den EEG-Kosten freigestellt werden, so dass ein verzerrter Eindruck von den angeblichen Kosten der Energiewende entsteht.
- Betrachtet man nicht allein den Strom, stellt man ferner fest: Klimaschutz im Sinne von mehr Energieeffizienz spart oft schon kurzfristig massiv Energiekosten, etwa bei der Wärmedämmung.
- Zugleich können neue Technologien wie erneuerbare Energien und Energieeffizienz neue Arbeitsplätze und Märkte schaffen.[17]
- Die ökonomische Notwendigkeit einer entschlossenen Energiewende wird beim Blick auf die langfristigen Folgen noch viel deutlicher. Und zwar wegen der vermiedenen drastischen Klimaschäden. Ein Klimawandel mit Ernteausfällen, Naturkatastrophen, Überschwemmungen, unbewohnbar werdenden Landstrichen und ganzen Ländern oder gar riesigen Migrationsströmen wäre nach Schätzungen der Wirtschaftswissenschaftler nämlich rund fünfmal teurer als wirksame Klimaschutzmaßnahmen. Besonders bekannt wurden in diesem Zusammenhang die Ergebnisse des Stern-Reports von 2006/2007.[18]

- Dies sind noch eher konservative Schätzungen. Die Kosten möglicher Klimakriege um Öl, Wasser und andere Ressourcen sind in solchen Berechnungen im Wesentlichen gar nicht enthalten. Und Ressourcenkriege kosten nicht nur, aber auch massiv Geld. Schon heute ist es letztlich eine Ressourcenproblematik, wenn es wie in Darfur keinen Boden gibt, auf dem Bauern etwas anbauen oder ihr Vieh weiden lassen können. Darauf mit Rüstungs- statt mit Klimapolitik zu reagieren, wäre schon ökonomisch irrational. Gegen die Kosten von Kriegen sind selbst radikalste Klimaschutzmaßnahmen ökonomische Peanuts.

- Erst recht nicht einberechnet sind weniger sichere, aber trotzdem denkbare Klimawandels-Verläufe. Etwa ein Versiegen des Golfstroms, was Europa unbewohnbar machen würde und schon vom ökonomischen Schaden her kaum noch sinnvoll bezifferbar wäre. Denn mit einem versiegenden Golfstrom könnte schlimmstenfalls der Rest der Welt brütend heiß werden und zugleich die europäische Temperatur unter Eiszeitniveau sinken. Auch wenn ein solches Szenario wohl nicht überwiegend wahrscheinlich ist, lassen sich Veränderungen beim Golfstrom schon heute beobachten.[19]

- Auch jenseits des Klimawandels erzeugen die fossilen Brennstoffe und auch die – treibhausgasfreie – Atomenergie bisher erhebliche volkswirtschaftliche Kosten. Zu nennen sind nicht nur die vielen Milliarden, die in die Erforschung jener Energieträger deutschland- und europaweit flossen und teilweise noch fließen. Zu erwähnen sind auch Waldschäden, Folgeschäden von Braunkohletagebauen etwa am Grundwasser oder an der Biodiversität und die äußerst kostenintensive Entsorgungsproblematik etwa des radioaktiven Mülls. Keinesfalls werden alle diese Kosten privat von den Energiekonzernen getragen. Vielmehr finanziert die Allgemeinheit durch eine Vielzahl von Abgabenverschonungen, Steuererleichterungen, Forschungssubventionen und Infrastrukturleistungen das bisherige Energiesystem mit.

Nun wird mancher einwenden, dass das eigentliche Problem einer Energiewende ohnehin nicht ihre Wirtschaftlichkeit sei, sondern ihr Mangel an Versorgungssicherheit: Wie sollen denn künftig so schwankende Energieträger wie Wind und Sonne eine hochentwickelte Volkswirtschaft und ihre anspruchsvolle Bevölkerung und Industrie konstant versorgen? Brauchen wir also doch russisches Gas – und wenn dieses nicht mehr geliefert wird, dann eben deutsche Braunkohle, mag sie auch klimaschädlich sein? Zwar gehen wir speziell auf Stromleitungen und Stromspeicher in Abschnitt 15 noch ausführlich ein, doch schon hier kann man sagen, dass die Furcht um die Versorgungssicherheit auf Fehlannahmen beruht. Wenn man parallel zu erneuerbaren Energien und Energieeffizienz auch den Bau von Energiespeichern sowie Leitungen voranbringt, wird die Versorgungssicherheit durch die Energiewende vielleicht sogar größer als heute. Denn Staaten wie Deutschland machen sich damit unabhängig von Energielieferungen aus zuweilen problematischen Staaten wie Russland.

7. Deutschland und die EU – wirklich Vorreiter bei Energie und Klima?

Die Energie- und Klimawende mag ökologisch erstrebenswert und ökonomisch sinnvoll sein, doch ihre reale Durchführung ist bisher – auch – in Deutschland und Europa nur sehr bedingt eine Erfolgsgeschichte. Eine Erfolgsgeschichte würde voraussetzen, dass zunächst einmal der Übergang von fossilen zu erneuerbaren Energien vorankommt. Das ist bisher hauptsächlich beim Strom der Fall, ansonsten aber kaum. Vor allem würde eine Erfolgsgeschichte ferner voraussetzen, dass die Treibhausgasemissionen sich in die richtige Richtung bewegen. Und dies tun sie in Deutschland und Europa weder von den absoluten Zahlen noch von der Entwicklungstendenz her, auch wenn dies amtlich und öffentlich meist falsch dargestellt wird:[20]

- Weltweit sind die Klimagasemissionen seit 1990 um rund 40 % gestiegen. Deutschland und die EU verbleiben derweil bei den Pro-Kopf-Emissionen (also der Emissionen eines Landes geteilt durch die Anzahl der Einwohner) unstreitig in etwa beim Fünffachen eines dauerhaft und weltweit verträglichen Emissionsniveaus, wenn man das notwendige Niveau auf ungefähr oder etwas unter zwei Tonnen Treibhausgase pro Mensch und Jahr taxiert. Zweifellos ist Deutschland führend in puncto Diskussionen, technische Klimaschutzoptionen und Masse an Gesetzgebungsakten. Am Ende des Tages zählen jedoch die konkreten Ergebnisse. Und die sind weit von Zuständen entfernt, die verträglich wären, wenn sie dauerhaft so fortgeführt und womöglich noch global in den Schwellenländern kopiert werden.
- Auch von der Entwicklungsrichtung her haben Emissionen seit 1990 – wenn man Rechenfehler beseitigt – keineswegs um rund 25 % in Deutschland abgenommen, wie bis hinein in amtliche Statistiken behauptet wird.[21] Wir sind also gerade nicht die großen Vorreiter, als die wir uns zuweilen wahrnehmen. Zwar weist die Treibhausgasbilanz Deutschlands – wenn sie auch seit Jahren stagniert – die genannte Reduktion aus. Doch wird dabei ausgeblendet, dass etwa 15 % der Emissionen schlicht ins Ausland verlagert wurden. Denn in einer globalisierten Ökonomie laufen die emissionsintensiven Produktionsschritte zunehmend in den Schwellenländern ab, auch wenn die dabei produzierten Wohlstandsgüter am Ende bei deutschen Verbrauchern

landen. Dem Klima ist mit solch einer Verlagerung jedoch nicht geholfen. Zudem werden bei der Vorreiterthese die etwa 12 bis 14% Emissionsreduktion unterschlagen, die Deutschland durch den wiedervereinigungsbedingten Zusammenbruch der DDR-Industrie geschenkt wurden.

- Zukünftig öffnen sich eher noch weitere Berechnungs-Schlupflöcher. Die Industrieländer müssen etwa nach dem geltenden Klimavölkerrecht des Kyoto-Protokolls (näher dazu ab Abschnitt 23) ihre ohnehin schon geringen Reduktionspflichten nicht zu Hause erbringen, sondern können sich klimaschützende Aktivitäten in den Entwicklungsländern anrechnen lassen, die sie finanzieren. Dieser Clean Development Mechanism (CDM) soll den Klimaschutz billiger machen, da Klimaaktivitäten auf der Südhalbkugel oft für weniger Geld als in Europa möglich sind. Der CDM bewirkt also keinen »zusätzlichen Klimaschutz«, sondern macht die Reduktion einer Treibhausgasmenge einfach nur billiger. Und CDM funktioniert natürlich nur, wenn die Projekte auf der Südhalbkugel auch wirklich so viele Treibhausgase einsparen wie vorgegeben. Genau das ist jedoch bei der großen Mehrzahl von CDM-Projekten zweifelhaft.[22] Denn eine Emissionseinsparung kann nur in Relation zu einer Annahme darüber ausgerechnet werden, wie die Entwicklung in dem betroffenen Land ohne die CDM-Maßnahme weiter verlaufen wäre. Und diese Annahme ist oft dahingehend geschönt, dass die positiven Auswirkungen der CDM-Maßnahme übertrieben werden.

Das ist die nüchterne Bilanz der bisherigen Energie- und Klimawende. Dies verlangt nach Abhilfe. Im Folgenden gilt es zu klären, welche technischen und verhaltensbezogenen Perspektiven es für eine ernsthafte Wende gibt, welches die gesellschaftlichen Transformationsbedingungen sind und welche politischen Maßnahmen notwendig wären.

II
Maßnahmen der Energiewende: Technische Lösungen oder Änderung unseres Lebensstils?

8. Kohle, Gas, Öl: Treibstoffe unserer Zivilisation – Strukturen und Probleme der fossilen Brennstoffe

Welches sind die Energieträger und generell die technischen Optionen für eine gelingende Energie- und Klimawende? Dies behandelt das Kapitel II. Damit verknüpft ist auch die Frage, wie weit Technik tatsächlich führt, ob ein künftiges Energiesystem zentralistisch oder dezentral zu strukturieren wäre und was bei alledem aus dem die Politik immer noch bestimmenden Wachstumsdenken wird.

Bisher ist die Energieversorgung weltweit und in Deutschland trotz aller Rhetorik weiterhin durch die fossilen Brennstoffe Kohle, Öl und Gas dominiert, in Deutschland begleitet von einem vergleichsweise kleinen, auslaufenden Anteil an Atomenergie. Aktuell stellen die erneuerbaren Energien ein Viertel des Strommixes. Bei Wärme und Treibstoff ist der Anteil wesentlich geringer, so dass der Gesamtenergieeinsatz, also die gesamte eingesetzte Energie, nur zu gut einem Zehntel aus erneuerbaren Energien erfolgt. Es sind dauerhaft jedoch 100 % nötig, um nicht einen existenziell bedrohlichen und wirtschaftlich verheerenden Klimawandel zu riskieren.

Die fossilen Brennstoffe sind also im wahrsten Sinne des Wortes noch der Treibstoff industriestaatlicher Zivilisation. Amtliche Stellen in Deutschland und der EU vermeiden auch heute noch Aussagen wie die, die Kohle habe dauerhaft keinen Platz in der Energieversorgung, weil sie – wir erwähnten das – noch lange verfügbar ist und Kohlekraftwerke künftig ohne Treibhausgasemissionen laufen könnten (zu Letzterem in Abschnitt 14). Sicherlich kann der Übergang weg von den fossilen Brennstoffen nicht vollständig innerhalb weniger Jahre erfolgen; vielmehr liegen schrittweise Übergänge aus technischen wie auch wirtschaftlichen Erwägungen nahe. Dennoch: Die fossilen Brennstoffe sind das Problem und nicht die Lösung für die Energie- und Klimawende, weswegen ein konsequenter baldiger Ausstieg, orientiert an den nötigen Reduktionen der Treibhausgasemissionen, wünschenswert ist, wie auch der Sachverständigenrat für Umweltfragen der Bundesregierung wiederholt verdeutlicht hat:[1]

- Die Endlichkeit der fossilen Brennstoffe wurde bereits dargelegt,
- ebenso wie ihre massive Klimarelevanz (Abschnitt 4).
- Erneuerbare Energien und Energieeffizienz sowie mehr Energiespeicher und Energieleitungen sind der beste Weg, um eine dauerhafte Versorgungssicherheit unabhängig etwa von problematischen Lieferstaaten fossiler Brennstoffe wie Russland zu erreichen (Abschnitt 6). Es ist deshalb kritisch zu sehen, wenn die Betreiber der fossilen Stromkraftwerke neuerdings gar staatliche Förderungen für deren Weiterbetrieb ins Spiel bringen (»Kapazitätsmärkte«), damit die Kraftwerke trotz sinkender Stromproduktion – die erneuerbaren Energien nehmen im Stromnetz ja zu – weiterbetrieben werden können. Solche Förderungen für klimaschädliche Brennstoffe sind für die Versorgungssicherheit eher nicht nötig und klimapolitisch kontraproduktiv. Allenfalls für Gaskraftwerke könnte dies übergangsweise erwogen werden.
- Gas könnte in kleineren Mengen und ohne die Beteiligung problematischer Lieferstaaten eine vorübergehend sinnvolle Ergänzung der erneuerbaren Energien sein. Gaskraftwerke erzeugen nur rund ein Drittel der Emissionen von Braunkohlekraftwerken. Und sie sind flexibler regelbar als Kohlekraftwerke und harmonieren daher besser mit der nicht immer verfügbaren Sonnen- und Windenergie. Die Braunkohle mit ihrer begrenzten Flexibilität und mit ihrer Klimaschädlichkeit ist keine Brückentechnologie ins regenerative Zeitalter. Auch wenn sie zuweilen gern so verkauft wird.

- Für die Volkswirtschaft insgesamt ist die Bilanz beispielsweise in puncto Arbeitsplätze und vermiedene Schäden durch den Klimawandel – und damit auch für die Menschen – ohnehin bei weitem günstiger, wenn fossile Brennstoffe durch erneuerbare Energien ersetzt werden (siehe Abschnitt 6), und diese Aussage betrifft erneut nicht nur den Stromsektor.

- Insbesondere Kohlekraftwerke sind außerdem schon rein betriebswirtschaftlich nur rentabel, wenn sie eine bestimmte Leistung erbringen und hohe Laufzeiten haben. Die Wirtschaftlichkeit der Kohle ist damit für die Stromerzeuger nur zu gewährleisten, wenn die erneuerbaren Energien nicht zu schnell weiterwachsen. Genau das sollten sie aber aus Klimaschutzgründen.

- Problematisch sind ferner die Umwelt- und Unfallrisiken beim Abbau fossiler Brennstoffe. Katastrophen mit Öltankern und Ölplattformen etwa vor Alaska und im Golf von Mexiko haben dies in der Vergangenheit immer wieder illustriert. Durch immer riskantere Abbautechniken etwa für unkonventionelles (also weniger konzentriert in Gesteinsschichten anzutreffendes) Gas (Fracking) wird diese Problematik aktuell weiter verschärft. Umweltprobleme bestehen allerdings teilweise auch beim Abbau der erneuerbaren Energien, etwa hinsichtlich der Gewinnung sogenannter Seltener Erden für Windräder.

- Es lässt sich einwenden, dass zumindest Kohlekraftwerke auch dauerhaft eine Option bleiben könnten, weil mittels der Technik einer Kohlendioxidabscheidung und anschließender unterirdischer Speicherung (Carbon Capture and Storage, CCS) dauerhaft emissionsfreie Kraftwerke möglich sind. Wir werden im Abschnitt 14 jedoch sehen, dass diese Hoffnung deutlichen Zweifeln unterliegt.

- Großkraftwerke für Kohle und auch Atomenergie sowie Ölraffinerien können überdies nur wenige einflussreiche Großkonzerne betreiben und sichern daher deren Marktdominanz (die durch CCS weiter erhalten bliebe). Und ihren in einer Demokratie immer wieder überprüfungsbedürftigen großen politischen Einfluss, den sie in Berlin und Brüssel auch immer wieder nutzen: Denn wenn »zu viel« erneuerbare Energien ins Stromnetz kommen oder »zu viel« Energie gespart wird, wird das Betreiben von Atom- und Kohlekraftwerken unwirtschaftlich. Die Neufassung des EEG 2014 beispielsweise (näher in Abschnitt 24) mit ihrem Ausbremsen des Erneuerbaren-Strom-Ausbaus atmet diesen Geist.

Vor diesem Hintergrund gibt es zu denken, dass etwa im Strommix der Anteil der Kohle aktuell eher wieder zunimmt, hingegen die Gasverstromung eher unter Druck gerät, obwohl wie erwähnt Gas die bessere Übergangsoption in der Energiewende wäre. Weiterhin werden Kohlekraftwerke und Tagebaue genehmigt, die mit geplanten Laufzeiten von 30 bis 40 Jahren auf Jahrzehnte problematische Fakten zu schaffen drohen. Dies deutet darauf hin, dass politischer Handlungsbedarf besteht, dem (ab Abschnitt 22) noch nachzugehen ist.

9. Einstiege und Ausstiege: Bekannte und übersehene Chancen und Risiken der Atomenergie

Der unmittelbare Anlass für das amtliche Ausrufen der Energiewende in Deutschland, auch wenn sie bisher mehr eine Stromwende ist, war bekanntlich das Reaktorunglück von Fukushima 2011. Damit fand eine eigenartige Entwicklung einen (vorläufigen?) Abschluss, in deren Rahmen der deutsche Gesetzgeber zunächst 2002 den Neubau von Atomkraftwerken verboten und die vorhandenen Kraftwerksgenehmigungen in ihrer Laufzeit befristet hatte. Diese Entscheidung wurde nach einem Regierungswechsel auf Bundesebene 2010 durch eine Laufzeitverlängerung teilweise konterkariert, ein halbes Jahr später dann jedoch erneut geändert, wobei der Atomausstieg nunmehr noch radikaler ausfiel als 2002: Die Hälfte der deutschen Atomkraftwerke ging nun auf Entscheidung des Gesetzgebers direkt und nicht erst nach einer vorgeschriebenen Laufzeit vom Netz.

Es ist häufig eine deutsche Sonderrolle im Umgang mit der Atomenergie behauptet worden. Dabei wird indes übersehen, dass der Atomenergieausbau weltweit keineswegs so vorangeht, wie dies manche unter dem Stichwort »Renaissance der Atomenergie«[2] wohl annehmen. Viele Länder nutzen zudem gar keine Atomenergie. Dennoch existiert im nationalen und internationalen Energiediskurs die Überzeugung, die Atomstromerzeugung sei wirtschaftlich und zudem klimafreundlich und deshalb ein wesentlicher Energieträger der Zukunft. Dass Atomenergie keine Treibhausgasemissionen aufweist, ist zutreffend. Aus einer Reihe von Gründen ist die Rede von ihrer Wirtschaftlichkeit, Klimafreundlichkeit und allgemein Umweltverträglichkeit jedoch letztlich nicht überzeugend:[3]

- Die klassischen Brennstoffe des Industriezeitalters sind endlich, auch Uran, wobei es hier um Zeiträume von weniger als 100 Jahren geht. Schon deshalb muss die Atomenergie perspektivisch ersetzt werden. Zudem ist Uran nicht Kraft-Wärme-kopplungsfähig, kann also nicht Strom bei gleichzeitiger Nutzung der Abwärme und folglich mit höheren Energieerträgen erzeugen, denn die Abwärme der Stromerzeugung kann nur mit einer siedlungsnah erzeugten, also kleinteiligen und nicht allzu riskanten Technologie genutzt werden. Uran ist darum eine nur bedingt effizient einsetzbare Energiequelle.
- Wie Kohlekraftwerke sind auch Atomkraftwerke kaum mit einem Erneuerbare-Energien-Ausbau kompatibel zu ma-

chen. Denn anders als Gaskraftwerke sind auch sie technisch nicht beliebig zu starten und anzuhalten, was zur bereits dargestellten Inkompatibilität mit der schwankenden Wind- und Sonnenenergieerzeugung führt, und auch die Betriebswirtschaftlichkeit von Atomkraftwerken ist mit seltenen Laufzeiten schwer vereinbar.

- Dazu kommen massive Umweltrisiken jenseits des Klimaschutzes, konkret zunächst die ungelöste Endlagerfrage für die abgebrannten Uranbrennstäbe: Radioaktives Material über Tausende oder Zehntausende von Jahren verlässlich zu lagern, erscheint (von Kostenfragen ganz abgesehen) als eine Aufgabe, die menschliches Vorstellungsvermögen allein schon aufgrund der Zeiträume weitgehend übersteigt.

- Dazu kommen die Unfallrisiken der Atomenergie. Diese sind in vergleichsweise sicheren Ländern wie Deutschland von der Eintrittswahrscheinlichkeit her zwar gering. Die Konsequenz eines Super-GAUs wie Tschernobyl in Deutschland könnte jedoch zentrale Landesteile unbewohnbar machen. Deswegen sind die Schäden der Atomenergie auch nicht sinnvoll versicherbar: Für Schäden haften die Konzerne selbst, doch wenn die Konzerne etwa nach einem Super-GAU in Konkurs gehen müssten, würde die Allgemeinheit das Risiko tragen.

- Akuter noch sind die Risiken eines terroristischen Anschlags. Die Gefahr, dass etwa durch einen gezielten Flugzeugabsturz in ein AKW womöglich ein Super-GAU ausgelöst wird, ist nach menschlichem Ermessen durch Sicherheitsvorkehrungen nicht völlig auszuschließen. Die Ereignisse des 11. September 2001 in den USA, bei denen das vierte, über dem freien Feld in Pennsylvania abgestürzte Flugzeug möglicherweise für ein Attentat auf das AKW Harrisburg vorgesehen war, erscheinen insoweit als mahnendes Beispiel.

- Bei AKWs wird auch ihr Marktanteil überschätzt: Nimmt

man Strom, Wärme und Treibstoff zusammen, hat Uran nur rund 3 % Anteil am aktuellen weltweiten Energiemix. Selbst wenn man, was wohl kaum wünschenswert wäre, weltweit (einschließlich diverser Krisenstaaten wie Iran) die Atomenergie ausbauen würde, bliebe der Anteil daher relativ überschaubar. Atomenergie kann den globalen Energiebedarf also nicht substanziell abdecken.

- Das Problem der betriebswirtschaftlichen Rentabilität – die wie gesagt an nicht zu kurzen Laufzeiten hängt und damit im Widerspruch zur Idee einer schrittweisen Ersetzung der alten Kraftwerke durch erneuerbare Energien steht – stellt sich bei Atomkraftwerken ähnlich wie bei Kohlekraftwerken. Und bei der volkswirtschaftlichen Rentabilität bestehen, abgesehen von der jahrzehntelangen staatlichen Subventionierung etwa der atomaren Forschung, schon angesichts der befürchteten massiven Endlagerkosten Zweifel. Nicht umsonst gibt es in diesen Tagen einen Vorstoß der Atomkonzerne, den Staat verstärkt an diesen Endlagerkosten zu beteiligen.

- Außerdem bedingt Uran (ähnlich wie Kohle) eine unveränderte Fokussierung auf Großkraftwerke und damit Energiegroßkonzerne, eine Tendenz, die mindestens diskussionswürdig ist.

Der deutsche Atomausstieg ist also wirtschaftlich und ökologisch sinnvoll. Allerdings sollte Atomstrom nicht durch Kohlestrom ersetzt werden, wie dies sich aktuell am steigenden Verstromungsanteil der Kohle abzeichnet. Gespannt darf man sein, ob wirklich am Atomausstieg festgehalten oder das jahrzehntelange Hin und Her mit der Atomenergie doch noch einmal eine Fortsetzung findet. Dies könnte beispielsweise im Zuge einer stärkeren Europäisierung des Energiemarktes geschehen, da eine Reihe anderer EU-Staaten die Atomenergie weiter nutzen möchten.

10. Problematische und chancenreiche erneuerbare Energieträger: Wind und Sonne contra Bioenergie und Wasserkraft?

Damit gewinnen erneuerbare Energien, also Energien aus nichtfossilen Energiequellen wie Wind, Sonne, Erdwärme, Wasserkraft und Biomasse, an Bedeutung. Die Chancen dieser grundsätzlich treibhausgasfreien Energiequellen sind in der Tat beachtlich. Zudem stehen erneuerbare Energien aufgrund ihres nachwachsenden Charakters für eine langfristig sichere Energieversorgung, wenn die fossilen Brennstoffe zur Neige gehen. Und sie stehen langfristig für stabile Energiepreise ohne Preisspiralen wie bei knapper werdenden fossilen Brennstoffen (siehe Abschnitt 6). Außerdem stehen erneuerbare Energien für die Aussicht auf eine Welt mit heimischer Energieversorgung ohne – gar gewaltsame – Rohstoffkonflikte. Die im Übrigen nicht nur Menschenleben, sondern auch massiv Geld kosten. Dass auch die Kosten des Ausbaus der erneuerbaren Energien teilweise übertrieben dargestellt werden, kam in Abschnitt 6 schon zur Sprache.[4]

Allerdings ist der Wechsel hin zu regenerativen Energien nicht die einzige Option der Energie- und Klimawende. Vielmehr stehen ergänzend weitere technische und nichttechnische Optionen im Raum, die in den Abschnitten 11 und 12 unter den Überschriften Effizienz und Suffizienz thematisiert werden und die darauf abzielen, insgesamt weniger Energie zu benötigen. Denn auch erneuerbare Energien sind trotz ihres »nachwachsenden« Charakters nicht unendlich verfügbar. Dies liegt nicht nur daran, dass Wind und Sonne nicht immer wehen beziehungsweise scheinen – und dass der Bau von Windrädern, Stromleitungen und Stromspeichern Geld kostet. Vielmehr ist gerade Bioenergie, sofern sie aus Energiepflanzen und nicht nur aus Reststoffen wie Kompost gewonnen wird, auf der Erde nur begrenzt verfügbar. Zudem löst die Nutzung erneuerbarer Energien teilweise Probleme in anderen Bereichen aus, etwa Wasserkraft und Windkraft beim Naturschutz bezogen auf Fische und Vögel. Und diese Probleme werden naturgemäß umso größer, je mehr Energie erzeugt wird.

Besonders problematisch erscheint der Versuch, bei den Erneuerbaren statt auf Wind, Erdwärme (Geothermie) oder Sonne auf die heute teilweise kostengünstigere Bioenergie zu setzen. Das bedeutet, Pflanzen wie Mais, Kartoffeln, Schilf oder Holz und nicht nur deren Reststoffe zu Strom, Wärme und Treibstoff zu machen. Was genau ist daran problematisch?

- Im Idealfall ist Bioenergie wie andere erneuerbare Energien klimaneutral: Wenn ich aus Bioenergie Strom, Wärme oder Treibstoff mache, setzt sie zwar Klimagase frei, aber nur die Klimagase, die die Energiepflanzen zuvor der Luft entzogen haben. Eigentlich ist sie Kohle, Öl oder Gas damit klima- und ressourcenpolitisch überlegen. Biomasse ist überdies wie Kohle, Gas und Atomenergie – und Erdwärme – ständig verfügbar. Sie kann deshalb prinzipiell eine verlässliche Grundversorgung mit Strom oder Wärme liefern und benötigt dafür, anders als die nicht ununterbrochen verfügbare Sonnen- und Windenergie, eher keine zusätzlichen Stromleitungen und Stromspeicher.
- Biomasse liefert aber pro Pflanze nur relativ wenig Energie.[5] Eine ergiebigere Pflanzennutzung ist auf wissenschaftlich-technischer Ebene geplant, aber bisher technisch nicht hinreichend realisiert. So ergibt sich durch die oft energieaufwendige Biomasse-Produktion und -Veredlung eine Klimabilanz, die kaum besser ist als bei fossilen Brennstoffen; manchmal ist die Bilanz sogar schlechter. Denn auch Landwirtschaft, also Pflanzenanbau, ist in hohem Maße klimarelevant, etwa durch den extrem energieintensiv hergestellten und damit treibhausgasrelevanten Dünger.[6]

- Außerdem werden bei konventioneller Düngung hochgradig klimaschädliche Stickoxide freigesetzt. Besonders gilt das für Bioenergie-Treibstoff; insbesondere ist Palmöl aus Indonesien oder Malaysia ein großes Problem, wo das Palmöl häufig unter Rodung von Regenwald angebaut wird und damit weitere Treibhausgase freigesetzt werden (denn in den Tropen lässt sich Biomasse besonders kostengünstig produzieren). Aber auch ein aufwendiges maschinelles Einsammeln begrenzter Mengen im Wald verstreuter Waldholzreste – statt Bioenergiepflanzen neu anzubauen – nützt dem Klima nicht in jedem Einzelfall.
- Biomasse wird, um entsprechende Mengen zu generieren, bisher nicht in ökologischer, sondern in konventioneller Landwirtschaft erzeugt. Die Belastung mit energie- und treibhausintensiven Düngern und Pestiziden ist unter Umständen sogar noch größer als sonst, weil niemand die Pflanzen essen muss. Folgen jener Belastung sind auch ein weiteres Fortschreiten der Bodendegradation, der Gewässerbelastung und der Beeinträchtigung der Artenvielfalt. Außerdem steht Bioenergie für besonders schädliche große Monokulturen – und sie verstärkt den Druck auf Naturräume wie den Regenwald oder bisher extensiv bewirtschaftete Flächen. Das führt in ein Dilemma: Man kann schlecht etwa die ökologisch-ökonomisch äußerst wichtige Artenvielfalt global sichern wollen (deren Hauptproblem die konventionelle Landwirtschaft mit Düngern, Pestiziden und ausgeräumten Flächen ist), zugleich aber den letzten Flecken der Erde mit Bioenergie bepflanzen.
- Auch beschleunigt der Biomasseanbau tendenziell die Markteinführung der in Europa von der Bevölkerung weithin abgelehnten grünen Gentechnik, die sich als Mittel der Ertragssteigerung – damit man weniger Fläche für die Bioenergiepflanzen braucht – und der Pestizidreduktion vordergründig anbietet.[7]
- Anders als Wind- und Sonnenenergie schafft Bioenergie

auch keine Unabhängigkeit vom Ausland für Europa – dafür sind die verfügbaren Flächen auf unserem Kontinent zu knapp.

- Allerdings könnte die verstärkte Nutzung nachwachsender Rohstoffe die Landwirtschaft stärken und insbesondere strukturschwache ländliche Räume in Europa wiederbeleben.

- Ebenso bietet Bioenergie einigen Bevölkerungsgruppen in den Entwicklungsländern eine ökonomische Chance – allerdings wohl eher der Mittelschicht, nicht den Ärmsten. Hier kommt jedoch das Hauptproblem ins Spiel: dass Importe aus Entwicklungsländern eine Verschärfung der Welternährungslage bewirken dürften.

- Außerdem steht Bioenergie für den Norden, angebaut auf ertragreichen tropischen Böden, in Konkurrenz zur traditionellen Biomassenutzung in den Ländern des Südens, etwa als Baumaterial. Da in diesen Ländern für einen Großteil der Bevölkerung oftmals überhaupt kein Zugang zum öffentlichen Stromnetz gegeben ist, stellt die traditionelle Biomassenutzung zumeist auch den einzigen Energierohstoff für Strom oder Heizwärme und zum Kochen dar.

Je mehr Bioenergie, desto größer werden all diese Probleme. Eine teilweise Lösung kann sicher sein, einfach wenig Bioenergie einzusetzen, was zu den angekündigten Fragen nach begleitenden Reduktionsmaßnahmen für den Energieverbrauch führt (dazu im Folgeabschnitt). Keine wirklich durchgreifende Lösung verspricht dagegen der aktuelle politische Versuch, nur solche Bioenergie zu fördern, die bestimmten Kriterien genügt, also etwa nicht im Regenwald erzeugt wurde. Denn erstens ist es im Verwaltungsvollzug nahezu unmöglich, solche Kriterien weltweit von Europa aus nachzuprüfen. Zweitens gibt es Verlagerungsprobleme: Der brasilianische Bioenergieerzeuger kann auf ein solches Verbot hin einfach seine Bioenergiepflanzen auf normale Äcker stellen und dafür andere Produktionsbereiche, etwa die Futtermittel für den westlichen Fleischkonsum, umso stärker im Regenwaldgebiet aufziehen. Drittens sind viele Probleme gar nicht als »Kriterien«, von denen die Zulässigkeit der Bioenergie abhängig gemacht werden könnte, abbildbar: Wie will man etwa an der einzelnen Bioenergiepflanze festmachen, ob nun genau diese Pflanze die Welternährungslage gefährdet hat? Dies greift ein wenig auf spätere Abschnitte (ab 22) und damit auf die politischen Instrumente der Energiewende vor, indem eine typische Problemkombination im Falle verfehlter energiepolitischer Steuerung beschrieben wird. Man kann dorthin die Frage mitnehmen: Warum gehen wir das Energie- und Klimaproblem nicht fundamentaler an, indem wir einfach weniger Energie verbrauchen und damit Probleme bei der Energieerzeugung von vornherein seltener machen? Und indem wir ein Regelungswerk schaffen, welches alle Treibhausgasemissionen erfasst, auch die der Landwirtschaft, so dass Ausweichmanöver der Produzenten unmöglich gemacht werden, weil plötzlich auch der Futtermittelanbau im Regenwald genauso erschwert wäre wie der Bioenergieanbau?

Allein schon wegen ihrer jederzeitigen Einsetzbarkeit auch dann, wenn es gerade an Wind und Sonne mangelt, liegt ein begrenzter Einsatz von Bioenergie dennoch nahe. Wenn eine Reduktion der Emissionen von 90 bis 95 % erreicht werden soll, könnte es außerdem sein, dass der Strom- und Wärmesektor negative Emissionen, also mehr als 100 % Klimagasreduktion, leisten muss. Denn etwa die Landnutzungsemissionen würden selbst in einer Welt ohne fossile Brennstoffe nennenswert bleiben, und auch Bioenergie würde selbst bei deutlichem technischem Fortschritt möglicherweise nicht treibhausgasfrei werden. Negative Emissionen könnten etwa dann entstehen, wenn man Bioenergieanlagen mit Kohlenstoffabscheidung betreiben (CCS) würde, sollte dieses zumindest teilweise funktionieren, was wir noch näher unter die Lupe nehmen werden (siehe Abschnitt 14). Auch massive Aufforstungen ließen sich zusätzlich zu den anderen klimapolitischen Maßnahmen denken. Allerdings werden Aufforstungen, für manche die Klimaschutzmaßnahme par excellence, hinsichtlich der Menge des so zu bindenden Kohlendioxids stark überschätzt.[8]

11. Perspektiven für mehr Energieeffizienz: Von Kraft-Wärme-Kopplung bis Wärmedämmung

Auch erneuerbare Energien stehen also nicht unendlich zur Verfügung, und auch sie wirken sich nicht nur positiv auf die Umwelt aus. Daher muss für eine gelingende Energie- und Klimawende auch der Energieverbrauch begrenzt, teilweise sogar erheblich reduziert werden. Auch das gilt nicht nur für Strom, sondern auch für Wärme, Treibstoff und stoffliche Nutzungen. Und zwar stoffliche Nutzungen von fossilen Brennstoffen (soweit sie künftig noch erfolgt) ebenso wie von nachwachsenden Rohstoffen wie etwa Pflanzen, wenn künftig aus diesen statt aus Erdöl Kunststoffe hergestellt werden sollen. Das technische Mittel der Wahl ist zunächst der effizientere Einsatz von Energie. Diesbezüglich gibt es riesige Potenziale, die je nach Lebensbereich einen Faktor vier, fünf oder gar zehn erreichen, also auf 25, 20 oder 10 % des heutigen Niveaus absinken können.[9]

Praktische Beispiele für Energieeffizienzmaßnahmen sind etwa die schon erwähnte Kraft-Wärme-Kopplung (KWK), also die gleichzeitige Erzeugung von Strom und Wärme, etwa bei der Bioenergie, oder effizientere Geräte und Produkte jedweder Art. Zu erwähnen sind etwa Autos, Glühbirnen oder Küchengeräte, aber auch der Einsatz der Produktionsenergie in der Industrie. Dies sind nur exemplarische Nennungen, denn im Grundsatz ist jeder Bereich, in dem Energie eingesetzt wird, für Effizienzsteigerungen zugänglich.[10] Unterschieden werden muss allerdings, dass in manchen Bereichen weitere Effizienzsteigerungen leichter möglich erscheinen als in anderen. So haben beispielsweise einige Industriezweige mit hohem Energieeinsatz (etwa die Stahlproduktion) immer wieder Schritte unternommen, im Produktionsprozess effizienter im Energieeinsatz zu werden. Dagegen ist die KWK in Deutschland bisher relativ stiefmütterlich behandelt worden. Auch der Einsatz des – wie wiederholt erwähnt – in Produktion und Zusammensetzung sehr energieintensiven Mineraldüngers erfolgt bisher oft ineffizient dahingehend, dass stärker gedüngt wird als nötig.

Ein besonders zentrales Beispiel ist die energetische Ausrüstung und Wärmedämmung von Gebäuden. Da der Wärmesektor etwa in Deutschland rund ein Drittel der Emissionen ausmacht, bestehen hier massive Möglichkeiten für Effizienzgewinne, wenn Neubauten und auch Altbauten systematisch nachgerüstet werden. Der dafür nötige technische Aufwand sowie die einzusetzenden Kosten stellen sich, wie teilweise auch außerhalb des Baubereichs, deutlich günstiger dar, wenn die Effizienz unmittelbar beim Neubau greift. Bei Altbauten ergeben sich dagegen, etwa bei den vielen denkmalgeschützten Gebäuden, teilweise gewisse Probleme, weswegen dort häufig als erster Schritt ein Energieträgerwechsel hin zu erneuerbaren Energien noch eher erwogen wird als eine massive Effizienzsteigerung. Allerdings erfasst die Gebäudeeffizienz nicht nur die – beim Denkmalschutz oft schwierige – Wärmedämmung, sondern auch Fragen wie die Heizkesseltechnik oder die Fensterqualität.[11]

Effizienz im Umweltbereich ist als Thema noch etwas größer als Energieeffizienz. Auch generelle Ressourceneffizienz ist ein wichtiges Anliegen, denn nicht nur die fossilen Brennstoffe sind knapp und haben bei ihrem Einsatz schädliche Nebenwirkungen (wie den Klimawandel). Ein effizienterer Umgang mit Ressourcen wie Metallen, etwa für die Herstellung von Windrädern oder Fahrzeugen, ist sogar direkt für das Energie- und Klimaproblem von Vorteil. Denn werden weniger Metalle eingesetzt, sinkt oft auch der Energieeinsatz. Mehrere Fliegen mit einer Klappe zu schlagen, ist generell für den Umweltschutz wichtig, denn es hilft wenig, wenn zwar das Energie- und Klimaproblem angegangen, dafür aber ähnlich problematische Entwicklungen bei anderen Ressourcen aus dem Blickfeld verschwinden oder durch Maßnahmen der Energiewende sogar noch befeuert werden (dazu näher Abschnitt 22 sowie zu Lösungen Abschnitt 26).

12. Gelingt die Energiewende rein technisch? Von der Suffizienz

Erneuerbare Energien und Energieeffizienz reichen allein möglicherweise noch nicht für eine gelingende Energie- und Klimawende. Um den vielfältigen Problemen, die mit der aktuellen Energieversorgung verknüpft sind, zu begegnen, bedarf es vielleicht – auch wenn es keinen Hellseher gibt, der sämtliche künftigen Technikentwicklungen vorhersagen könnte – noch zusätzlicher Perspektiven. Insbesondere erfordert eine erfolgreiche Energie- und Klimawende aller Voraussicht nach neben besserer Technik (erneuerbare Energien, Energieeffizienz) auch Verhaltensänderungen. Das bedeutet insbesondere das häufigere Unterlassen oder Einschränken zum Beispiel des Fliegens oder des Fleischkonsums. Die Genügsamkeit oder der Verzicht wird als Suffizienz bezeichnet. Natürlich sind künftige technologische Entwicklungen und deren Fähigkeit, bestehende Probleme zu lösen, nie mit Sicherheit vorauszusagen, so dass eine rein technische Lösbarkeit des Energie- und Klimaproblems nicht völlig ausgeschlossen ist. Und es erscheint aus mancherlei Gründen vordergründig attraktiv, Umweltprobleme wie den Klimawandel rein technisch lösen zu wollen. Denn neue Technik lässt sich verkaufen und schafft Arbeitsplätze, wogegen Verhaltensänderungen häufig bedeuten, Güter aus dem Markt zu nehmen und damit letztlich das auf Wachstum ausgerichtete Wirtschaftsmodell generell in Frage zu stellen. Zudem kann ein rein technischer Wandel bequemer und deshalb leichter umsetzbar sein als das Umstellen von Verhaltensweisen. Dennoch sprechen verschiedene Aspekte eher dagegen, von einer ausschließlich technischen Problemlösung auszugehen.

- Zu nennen ist zunächst das Problemausmaß beim Klimawandel. Gemessen an bisher bekannten Innovationsgeschwindigkeiten erscheint es nur mäßig wahrscheinlich, dass allein ein Wandel hin zu erneuerbaren Energien und Energieeffizienz bis 2050 die sehr weitgehende Reduktion der Treibhausgasemissionen von 90 % oder mehr erzielen kann.[12]
- Wesentlich ist zudem die voraussichtlich fehlende technische Lösbarkeit bestimmter Probleme, etwa im Bereich Ernährung. Die Masse der dort erzeugten Emissionen geht auf das Konto tierischer Nahrungsmittel, da der Umweg von Futtermitteln über tierische Kalorien hin zum Menschen ein Vielfaches an Pflanzenproduktion (eben für Futtermittel) und damit ein Vielfaches an Düngereinsatz, Landbearbeitung sowie weiterer Emissionsfaktoren auslöst, etwa die berühmten Methan-Blähungen von Kühen. Dem kann man begegnen, indem man weniger tierische Nahrungsmittel isst. Das wäre jedoch keine technische Maßnahme, sondern eine Verhaltensänderung.
- Auch die erneuerbaren Energien stehen wie schon erwähnt nicht unendlich zur Verfügung (Abschnitt 10).
- Selbst wenn Energie unendlich verfügbar wäre, dürfte eine Notwendigkeit zu Verhaltensänderungen daraus resultieren, dass jedenfalls andere Ressourcen, ohne die man mit der Energie wenig anfangen kann, in einer physikalisch

endlichen Welt endlich sind. Etwa Seltene Erden zur Produktion von Handys oder Flachbildschirmen oder von Elektroauto-Batterien.

- Ferner führen rein technische Verbesserungen tendenziell dazu, dass trotz der so erzielten Effizienzsteigerungen unter dem Strich keine Energie eingespart wird, weil gleichzeitig das jeweilige Produkt häufiger vorkommt oder intensiver eingesetzt wird. Effizientere Autos etwa haben Anteil am gesellschaftlichen Trend, insgesamt weitere Wege zu fahren, und es gibt einfach auch eine immer größere Anzahl an Autos, was am Ende keine Emissionen reduziert. Kurz gesagt, frisst der wachsende Wohlstand die Emissionseinsparungen auf. Ebenso kann es passieren, dass man zwar erneuerbare Energien in den Markt bringt, diese aber nicht die Kohle ersetzen, sondern schlicht zu dieser hinzutreten, weil insgesamt mehr Energie verbraucht wird. Diesen Effekt nennt man Rebound-Effekt (Abschnitt 22).

Eine echte, gelingende Energie- und Klimawende dürfte daher die drei Säulen erneuerbare Energien, Effizienz und Suffizienz benötigen.

13. Das Ende des Wachstumszeitalters? Postwachstumsgesellschaft und Folgeprobleme

Damit ist deutlich geworden, dass Klimaschutz in einem Spannungsverhältnis zur heute dominierenden Wachstumsidee steht. Denn wenn Suffizienz (also Verhaltensänderungen, die bestimmte mit Energieverbrauch verbundene Tätigkeit seltener oder weniger intensiv ausführen) ein wesentlicher Teil der Energiewende sein muss, dann wird weniger verkauft werden (etwa weniger Urlaubsflüge). Genau das könnte, sofern es einen erheblichen Umfang annimmt, einen ungeplanten Übergang zu einer Postwachstumsgesellschaft bedeuten, also zu einer Gesellschaft, die dauerhaft ohne Wachstum auskommen oder sich sogar auf Schrumpfungsprozesse einstellen muss.[13] Dies ist ein großes Problem, da moderne Gesellschaften bisher vielfach von wirtschaftlichem Wachstum abhängig sind. Hier geht es nicht darum, dass Wachstum absichtlich vermieden wird, etwa weil die Wohlstandsmehrung ab einem gewissen Niveau die Zufriedenheit der Menschen nicht mehr verbessert, sondern ihr eher entgegenwirkt (zu dieser schwierigen Frage in Abschnitt 36). Der Übergang zu einer Postwachstumsgesellschaft könnte schlicht die Nebenfolge einer problemadäquaten Energie- und Klimapolitik sein, wenn diese erhebliche Suffizienzanteile einschließt.

Das erfordert Lösungen für gesellschaftliche Bereiche, die bisher teilweise vom Wachstum abhängen, etwa für den Arbeitsmarkt, die Staatsverschuldung, die Rentenversicherung und das Bankenwesen. Wenn es beispielsweise dauerhaft kein Wachstum gibt, bricht die Logik zusammen, dass heutige Staatsschulden durch steigende Steuereinnahmen in Zukunft gegenfinanziert werden können. Nach gängiger ökonomischer Lehrbuchmeinung braucht der Kapitalismus folgerichtig irgendeine Form von Wachstum: Würde das Sparen attraktiver als das Investieren, bräche der Arbeitsmarkt und damit der Sozialstaat möglicherweise in der heutigen Form zusammen. Denn wenn niemand mehr Kredite aufnimmt, um etwas Neues zu entwickeln und zu produzieren, werden auch keine neuen Arbeitsplätze geschaffen, was sich wiederum auf die staatlichen Steuereinnahmen, aus denen soziale Transferleistungen finanziert werden, auswirken würde. Das Wachstum muss also wenigstens die Zinsen abdecken, die Unternehmen einsetzen müssen, um Kredite für Investitionen zu erhalten.

Hierfür Lösungen zu entwickeln, wird nicht einfach; eine Alternative dürfte es aber nicht geben in Anbetracht der verheerenden – auch ökonomischen – Folgen, die sich ergeben würden, ließe man stattdessen den Klimawandel weiter ablaufen. Konzepte von »qualitativem« oder »grünem« Wachstum, also einem wirtschaftlichen Wachstum, das vom Ressourceneinsatz entkoppelt ist und das heute nahezu in jedem Wahlprogramm auftaucht, werden dieses Problem mit hoher Wahrscheinlichkeit nicht beseitigen. Denn neue Technologien wie erneuerbare Energien und Energieeffizienz versprechen (anders als Suffizienz) zwar betriebs- und volkswirtschaftliche Gewinne und schaffen auch Arbeitsplätze, doch muss auch der Wegfall der bisherigen fossilen Wirtschaft kompensiert werden. Ewiges Wachstum bleibt in einer physikalisch endlichen Welt eine zweifelhafte Vorstellung. Auch erneuerbare Energien und Ressourcen stehen wie gesagt nicht unendlich zur Verfügung. Ein verstärktes Hoffen auf eine künftig auf »Dienstleistungen und Ideen statt Waren« zentrierte Wirtschaft kann, so wichtig dies auch ist, dem vielleicht dann doch nicht abhelfen. Vordergründig verspricht dies zwar geringere Emissionen und einen geringeren Energieeinsatz. »Ideen« führen eben doch fast immer dazu, dass auch wieder konkrete materielle Ressourcen verbraucht werden: Das Internet etwa mag als immaterielle Idee erscheinen, doch die Computer und Server fressen gigantische Strommengen.[14] Zu klären wird auch sein, ob eine rein ideell und ohne starke industrielle Basis funktionierende Volkswirtschaft dauerhaft funktionsfähig ist.

Alle im letzten Abschnitt genannten Probleme mit den Grenzen technischer Optionen sind grundlegender Art. Sie lassen sich nicht dadurch aufheben, dass man sagt, die Welt habe doch beispielsweise heute größere Ölvorräte, als man vor 30 Jahren prognostiziert hat. An dem Problem der »physikalischen Grenzen« der Erde kann man außerdem etwas äußerst Wesentliches sehen: Auch ohne Klimawandel verdient es unsere »Wachstums-Religion«, hinterfragt zu werden.[15] Das zeigt sich auch an anderen Punkten. Globale Wachstumsraten besagen beispielsweise nicht zwangsläufig etwas über die Gerechtigkeit der Wohlstandsverteilung: Einige können immer reicher werden und die, die Wachstum am nötigsten brauchen, treten auf der Stelle oder werden sogar ärmer. Das ist allerdings nicht zwangsläufig so. Jedenfalls aber bleibt die Frage: Kann man eine wachstumsorientierte Wirtschaft, die immer häufiger nutzlose Dinge herstellt, künstlich durch Werbung erzeugte Bedürfnisse befriedigt und Produkte ersetzt, die sie zuvor absichtlich mangelhaft hergestellt hat, wirklich »ökonomisch erfolgreich« nennen?

In jedem Fall wäre ein Ende des Wachstums nicht das Ende auskömmlichen menschlichen Lebens. Denn durch die ganze Menschheitsgeschichte bis zum Ende des 18. Jahrhunderts gab es im Wesentlichen nur stationäre, also nicht wachsende Ökonomien.[16] Historisch ist eine Wachstumsgesellschaft ein absoluter Sonderfall, gebunden an das Auftreten der fossilen Brennstoffe. Folgerichtig gehen noch die »Klassiker« des Kapitalismus wie Adam Smith und David Ricardo oder auch John Stuart Mill keinesfalls von einer zwingenden Verknüpfung von Marktwirtschaft und Wachstum aus. Also könnten wir uns von diesem Glauben grundsätzlich auch wieder verabschieden. Ob der möglicherweise nötige erneute Übergang zur wachstumslosen Wirtschaft eher kleine oder eher große Probleme bereitet, ist eine offene Frage. Wie immer man das beurteilen mag: Das Energie- und Klimaproblem und die physikalische Endlichkeit der Welt lassen uns früher oder später vielleicht keine Wahl.

Wir haben im Wachstumszeitalter ein technisches Wissen aufgebaut, welches es uns ermöglichen wird, die wesentlichen großen Errungenschaften dieses Zeitalters zu bewahren: eine Gesellschaft, in der es den meisten gut geht, in der niemand hungert, in der es soziale Absicherung und Gesundheitsversorgung gibt, in der man gut leben kann. Dafür müssen wir allerdings die nötige Klimawende energisch angehen – sonst könnte es der Klimawandel sein, der diese Errungenschaften bedroht.

Die klassische nationale »Politik für Wachstum und Arbeitsplätze« ist demgegenüber noch aus einem anderen Grund am Ende:[17] Nationalstaatliche Politik ist in Zeiten der Globalisierung zunehmend machtlos. Die Staaten weltweit befinden sich in einem Wettlauf um Unternehmensansiedlungen; zum Opfer fällt dem ein vermeintlich »teurer« Klimaschutz, aber womöglich auch unsere Sozialstaatlichkeit und die Armutsbekämpfung im Süden – als vermeintlich wirtschaftsschädigende Kostenfaktoren. Die Chance, dass Wachstum den breiten Massen nützt – und sei es auch nur kurzfristig und materiell –, schrumpft damit weiter. Auch andere Prozesse wie die Staatsverschuldung, der demografische Wandel und die fortlaufende technische Rationalisierung zwingen so oder so zu Reformen etwa bei der Rente, beim Staatshaushalt und im Sinne von Arbeitszeitverkürzungen. Mit oder ohne Energie- und Klimaproblematik müssen wir deshalb die Debatten führen, die viele so fürchten, und wir müssen aufhören, Wachstum wie eine heilige Kuh zu behandeln.

Gegen all das werden manche einwenden wollen: Die Energie- und Klimawende koste Geld und brauche damit eben doch Wachstum. Hinter dieser Annahme steht die unausgesprochene Vorstellung, Umweltschutz sei letztlich eine Frage teurer Schadstofffilter. Dies verkennt indes, dass Armut zwar umweltzerstörend wirken kann, wie Entwaldungen in Entwicklungsländern zeigen, Wohlstand aber erst recht. Regenwald wird gerade wegen der wachsenden Konsuminteressen für Kosmetika, Futtermittel und Bioenergie abgebrannt. Wohlstand ist, allein schon wenn man die viel höheren Treibhausgasemissionen der Industriestaaten betrachtet, ein wesentliches Problem und nicht primär die Lösung für das Energie- und Klimaproblem. Dies propagiert kein »zurück in die Steinzeit« – aber doch eine moderate Hinterfragung des Götzen Wachstum im oben beschriebenen Sinne.

Ein weiterer Einwand könnte lauten: Wenn Suffizienz zum

Ende der Wachstumsgesellschaft führen könnte, kann die Energie- und Klimawende wohl doch kaum, wie oben behauptet, wirtschaftlich sinnvoll sein. Doch, das kann sie. Wirtschaftlich sinnvoller als eine Welt der Klimakriege bleibt ein geplantes, schrittweises wirtschaftliches Umdenken allemal. Zudem ist wie gesagt nicht endgültig klar, ob wirklich Suffizienz nötig sein wird, auch wenn vieles dafür spricht.

14. Kommt die »Wundertechnologie«? Kernfusion, Geo-Engineering, CO_2-freie Kohlekraftwerke

Können Wundertechnologien die Energie- und Klimafrage aber vielleicht doch noch ein für alle Mal erledigen? Gedacht ist dabei etwa an gezielte Manipulationen des globalen Klimas durch Züchtung von Treibhausgase aufnehmenden Algen in den Ozeanen oder Wolkenerzeugungen, das sogenannte Geo-Engineering. Ein anderer klassischer Kandidat ist die Kernfusion als wesentlich weiterentwickelte Atomenergievariante (die bisher auf Spaltung statt auf Fusion von Atomkernen beruht), die sehr große Energiemengen bereitstellen soll. Solchen Optionen ist jedoch der Umstand gemeinsam, dass sie nur als Ideen existieren, obwohl teilweise seit Jahrzehnten von ihnen die Rede ist. Daher tragen sie zu aktuellen Problemlösungen wenig bei.[18]

Jedenfalls eine konkrete »Wundertechnologie« sollte jedoch kurz näher betrachtet werden.[19] Könnte bei neuen Kohlekraftwerken nicht künftig das Kohlendioxid abgeschieden und in tiefen Erdschichten endgelagert werden? Dieser Traum der bereits erwähnten Technologie des Carbon Capture and Storage (CCS) und damit vom klimaneutralen Kohlekraftwerk ist jedoch unsicher. Denn niemand weiß momentan, ob Kohlendioxid sich wirklich dauerhaft wegsperren lässt. Wie will man aber jetzt – und jetzt ist Handeln nötig – auf eine Technologie setzen, die frühestens mittelfristig marktfähig sein wird? Zudem ist CCS sehr teuer – warum aber soll, wie aktuell in Europa geplant, der Steuerzahler solch eine Technik subventionieren, wenn doch andere Alternativen wie erneuerbare Energien oder Energieeffizienz bestehen? Zumal die Strompreise durch CCS steigen würden.

Zwei Argumente immerhin gibt es dafür, dass in einer Übergangsphase auch CCS eine zusätzliche Option sein könnte: Man könnte damit die großen Kohleländer weltweit – wie Russland, Australien, Indien – leichter für den globalen Klimaschutz gewinnen. Denn wenn es dank CCS weiter Kohlekraftwerke geben könnte, verlieren solche Länder keine Exporteinnahmen. Und: CCS ist auch mit Bioenergiekraftwerken und nicht nur mit Kohlekraftwerken kombinierbar. Werden die Bioenergiepflanzen effizient hergestellt und in KWK-Kraftwerken mit CCS verwertet, ergäben sich sogar negative Emissionen. Das Ganze würde also der Luft Treibhausgase entziehen, statt welche an die Luft abzugeben. Denn Pflanzen würden dann der Luft Kohlendioxid entziehen, und dieses könnte unter der Erde gespeichert statt im Kraftwerk wieder an die Luft abgegeben werden. Solche negativen Emissionen im Strom- und Wärmebereich könnten auf Dauer nötig werden für eine Null-Emissions-Wirtschaft, wie sie die Ergebnisse der naturwissenschaftlichen Klimaforschung nahelegen. Vermutlich sollte man CCS deshalb weiter erforschen. Von vornherein fest darauf setzen sollte man jedoch nicht.

15. Energiewende zentralistisch oder dezentral? Stromleitungen und Stromspeicher für Versorgungssicherheit

Die Versorgungssicherheit im Zeitalter der erneuerbaren Energien erfordert wie gesehen angesichts fluktuierender Wind- und Sonnenenergien neben größerer Effizienz und Suffizienz auch mehr Stromleitungen und Stromspeicher. Insbesondere bei Strom besteht das Problem eingeschränkter »Lagerungsfähigkeit«. Damit ist zugleich eine weitere Problematik eröffnet: die um Zentralität oder Dezentralität der künftigen Energieversorgung. Das ist sowohl für die Versorgungssicherheit als auch für die Konzernstruktur im Energiemarkt ein kontrovers diskutierbares Thema. Ins Spiel kommt dabei auch die Frage, ob erneuerbare Energien eher an vielen kleinen Stellen oder in riesigen Solar- und Windparks zu gewinnen sind.[20]

Das bisherige Stromversorgungssystem wird dadurch geprägt, dass elektrische Energie in großen Kraftwerken erzeugt und von dort aus an die Haushalte und Unternehmen geliefert wird. Insbesondere Atom- und Kohlekraftwerke erzeugen Strom an einem zentralen Punkt in großen Mengen, und die Energie wird nach Erzeugung über ein von oben nach unten gestuftes Versorgungsnetz an den Verbraucher geleitet. Dagegen lässt sich für eine regenerativ geprägte Stromversorgung in neuer Weise fragen, ob die gewohnte Zentralität möglicherweise zugunsten eines Zuwachses an Dezentralität relativiert werden sollte.

Die bisherigen Bemühungen nicht nur in Deutschland in puncto Energiewende (oder vielmehr Stromwende) zielen auf ein Fortbestehen des tradierten Zentralismus. Auf der Linie der bisherigen europäischen und deutschen Energiepolitik liegt deshalb das Bestreben, wenigstens in anderen EU-Staaten die (vielfach problematischen, aber immerhin als treibhausgasarm darstellbaren) Atomkraftwerke möglichst weiterlaufen zu lassen und zudem die Option zu sichern, künftig »klimaneutrale« Kohlekraftwerke bereitstellen zu können. Auch bei den erneuerbaren Energien gibt es eine Tendenz, auf Großprojekte zu setzen. Zu nennen sind etwa große Off-shore-Windparks in der Nord- und Ostsee, ebenso wie etwaige riesige Solarparks in der Sahara (Desertec). Sicherlich sind solche regenerativen (Groß-)Optionen energie- und klimapolitisch interessant. Angesichts der erwartbaren Größenordnungen könnte so auch am Tag des geringsten Windenergieaufkommens des Jahres die Stromversorgung Europas mehr als gesichert sein. Aufgrund der Begrenztheit anderer Ressourcen – seien es die Metalle für Solarpanels oder die für die Produkte (wie Autos), die mit dem Strom sodann betrieben werden sollen – ermöglicht aber auch ein solches Energieparadies in einer physikalisch endlichen Welt kaum unendliches Wachstum.

Solche Großoptionen schreiben freilich einen Zentralismus fort, der aus unterschiedlichen Gründen problematisch werden könnte. Sie sind anfälliger für Versorgungsstörungen. Es könnte sich eine energiewirtschaftliche Abhängigkeit entwickeln, wenn man heimische Energiequellen zugunsten von ausländischen Großprojekten vernachlässigt, die auch mit Blick auf die politische Instabilität der nordafrikanischen Staaten nicht unproblematisch erscheint. Auf den demokratischen und marktwirtschaftlichen Aspekt einer dezentralen Versorgungsstruktur wurde ferner bereits hingewiesen. Bei einer starken Fokussierung allein auf den Leitungsbau muss auch in Rechnung gestellt werden, dass neue Leitungen auch genutzt werden können, um fossilen Strom zu produzieren und zu exportieren (was klimapolitisch wenig erstrebenswert erschiene).

Jedenfalls müsste der Ausbau des Energienetzes ohne einen gleichzeitigen massiven Stromspeicherausbau auch zu den Zeiten eine sichere Energieversorgung garantieren können, in denen Wind- und Solarenergie für eine längere Zeit gänzlich ausfallen. Je mehr das Stromnetz europäisiert und damit über einen großen Raum hinweg vernetzt ist, desto einfacher lässt sich das realisieren. Moderne Speichermöglichkeiten von elektrischer Energie machen es demgegenüber möglich, dass die Leistung, die regenerative Energieträger zu einer bestimmten Zeit erzeugen und die über dem momentanen Verbrauch liegt, nicht als »überschüssig« anzusehen wäre.

Auch bei Speichern besteht wiederum die Alternative zwischen einer zentralistischen oder einer eher dezentralen Struktur, wobei die erstere wiederum einen erheblichen Leitungsausbau erfordert. Dabei ist zu berücksichtigen, dass bestimmte Speicher nur an bestimmten Orten errichtet werden können und nicht wie erneuerbare Energien überall auftreten. Eine Zukunftsvision einer zentralistischen Speicherstruktur sind unter anderem Pumpspeicherkraftwerke in Norwegen. Pumpspeicher funktionieren so, dass zu Zeiten hoher Stromverfügbarkeit Wasser räumlich nach oben gepumpt wird und bei niedriger Stromverfügbarkeit dann erneut Strom aus dem nach unten zurückströmenden Wasser gewonnen wird. Da in Norwegen viele Fjorde und Wasservorkommen und damit geeignete Bedingungen für solche Pumpspeicher liegen, bieten sich Pumpspeicherkraftwerke dort an. Für einen Anschluss Deutschlands wäre eine massive Errichtung von Stromleitungen nötig, ein nicht unerheblicher Eingriff in die Umwelt. Daneben besteht die Gefahr, dass die Betreiber der großen Speicheranlagen eine marktbeherrschende Stellung einnehmen und die Preise erheblich steigen könnten. Deshalb sollte gut geprüft werden, inwieweit zentralistische Speicheroptionen wirklich sinnvoll sind.

Eine andere Möglichkeit zur Ausgestaltung des Speichersystems würde Speicheranlagen verstärkt in der Nähe von dezentral verorteten, zahlreichen kleinen Energieerzeugern anstreben (und dementsprechend auch die technische Weiterentwicklung der dafür tauglichen Speicher fördern). Im

Gegensatz zu den seit langem bekannten großen zentralistischen Pumpspeicherkraftwerken in Norwegen könnten Anlagen genutzt werden, die dezentral vorkommen. So gibt es Bestrebungen, heimische Kanäle und die dazugehörigen Schleusen zu einem Kanalspeicher auszubauen. Ein Kanalspeicher funktioniert im Wesentlichen wie ein Pumpspeicherkraftwerk. Die Anlagen bedürfen keiner großen Investitionen, da nur geringe Änderungen an Pumpen und Motoren vorgenommen werden müssen, alle anderen Komponenten aber bereits vorhanden sind. Eine andere Option könnte darin bestehen, die Speicher nicht bei den Stromerzeugern direkt zu errichten, sondern in den Haushalten selbst, also bei den Verbrauchern. In einem dezentralen Zukunftsmodell könnte sich dies sogar überschneiden, wenn Haushalte auch Stromerzeuger sind. Speicher in der Hand von Verbrauchern könnten einen weiteren Beitrag zu Demokratisierung des Energiesektors leisten. Ein Netzausbau wäre neben dem Bau von Speichern jedenfalls dort unstreitig sinnvoll, wo ein überregionaler Austausch zwischen den Regionen, die viel verbrauchen und wenig erzeugen, und denen, die viel erzeugen und wenig verbrauchen, sinnvoll ist. Das gilt auch deshalb, weil Speichertechnologien teilweise noch in der Entwicklung befindlich sind.

So oder so werden ergänzend zu neuen Energieleitungen und Speichern vermehrt sogenannte intelligente Netze (»Smart Grids«) interessant. Das Smart-Grid-System soll den Durchbruch zur Erreichung der Klimaziele bringen, indem es eine nachhaltige, wirtschaftliche, effiziente und sichere Stromversorgung sicherstellt. Nach der Definition der European Technology Platform sind Smart Grids Stromnetze, die die Verhaltensweisen und Handlungen aller Nutzer, die an dieses Netz angeschlossen sind (also Erzeuger und Verbraucher ebenso wie Akteure, die sowohl Strom erzeugen als auch Strom verbrauchen), miteinander verknüpfen. Smart Grids können Strom in zwei Richtungen leiten. Auf diese

Weise können die einzelnen Versorgungseinheiten optimal miteinander und mit den Verbrauchern verbunden werden. Mit Smart Grids wäre es ferner möglich, dass Verbraucher und Energieerzeuger auf gewisse Art und Weise miteinander kommunizieren. Somit wird eine Annäherung der Nachfrage der Energie an das Angebot von Energieerzeugung möglich. Die Kommunikation zwischen Verbrauchern und Erzeugern soll durch den Einsatz sogenannter »Smart Meter« ermöglicht werden. Smart Meter sind moderne Stromzählgeräte, die dem Verbraucher den momentanen Verbrauch sowie den dazugehörenden Tarif anzeigen. Damit können Verbraucher ihr Verbrauchsverhalten nachvollziehen und an Preise anpassen, die sich nach dem Stromangebot richten. Eine Waschmaschine etwa würde dann nicht um die Mittagszeit den Wäschegang starten, wenn der Strom gerade zum Kochen verwendet wird, sondern den Waschgang auf die Nacht verschieben, wenn die Netzauslastung geringer ist. Weiterhin wird durch die Smart Meter dem Verbraucher genau vor Augen geführt, wie viel Energie seine einzelnen Geräte verbrauchen, was energiesparendes Verhalten zur Folge haben könnte. Von der Realität ist das freilich noch weit entfernt, und es ist unklar, in welchem Verhältnis Aufwand und Nutzen diesbezüglicher Strategien zueinander stehen.[21]

Sowohl der Baubedarf für neue Energieleitungen als auch der Speicherbedarf hängen wesentlich davon ab, wie viel Strom verbraucht wird. Eine sinnvolle Energie- und Klimapolitik wird deshalb – auch hier – immer mitbedenken müssen, dass sich bestimmte Fragen ganz anders stellen, wenn auch bei der Nachfrage nicht einfach auf unendliches Wachstum gesetzt wird.

III
Voraussetzungen für Veränderungen beim Einzelnen und in der Gesellschaft: Wie gelingt eine echte Energiewende?

16. Energiewende – eine Frage von Wissen und Bewusstsein?

Nach dem bisher Gesagten ist eine ernsthafte Energie- und Klimawende nötig, will man nicht katastrophale Folgen für die Menschheit riskieren (dass dies nicht nur eine Frage des Eigennutzens, sondern auch der Moral und der Menschenrechte ist, kommt in Kapitel V noch zur Sprache). Gesehen haben wir weiterhin, dass weitreichende technische Optionen für eine gelingende Wende vorhanden sind,[1] die voraussichtlich, bei allen Unwägbarkeiten in der Prognose komplexer gesellschaftlicher Prozesse, wohl sogar ökonomisch vorteilhaft wären. Doch zeigen die in Abschnitt 7 gegebene Treibhausgasbilanz und der bisher bei rund einem Zehntel des Gesamtenergieverbrauchs stagnierende Anteil erneuerbarer Energien, dass in der Realität wenig passiert, gerade auch in Deutschland und der Europäischen Union. Warum werden vorhandene technische Optionen offenbar zu wenig ergriffen, und warum sind Verhaltensänderungen möglicherweise noch schwerer ins Werk zu setzen? Diesen Fragen, die mich seit langem beschäftigen, geht das Kapitel III nach.[2]

Uns gelingt es bislang offenbar recht gut, die Tatsache weitgehend zu ignorieren, dass wir durch unseren ressourcen- und treibhausgasintensiven Lebensstil das Leben und die Gesundheit vieler Menschen in anderen Erdteilen und künftiger Generationen aufs Spiel setzen – mit schlecht gedämmten Wohnungen, mit Autofahrten in Beruf und Freizeit, mit Urlaubsflügen, einem hohen Fleischkonsum, mit immer mehr Unterhaltungselektronik, immer neuen Annehmlichkeiten. Von den drohenden existenziellen, friedenspolitischen und ökonomischen Nachteilen für uns selbst mal ganz abgesehen. An Diskursen, Theorien, technischen Ideen und artikuliertem gutem Willen herrscht etwa in Deutschland kein Mangel, ebenso wenig wie an Ministerien und Verbänden, die sich des Themas annehmen. Inzwischen hat sich eine regelrechte Transformationsforschung gebildet, die Veränderungen respektive Transformationen zu ihrem ausdrücklichen Thema zu machen versucht.[3] Dabei wird oft übergangen, dass bereits seit Jahrzehnten und Jahrhunderten in Disziplinen wie Soziologie, Ökonomik, Biologie, Philosophie, Kulturwissenschaft, Ethnologie, Anthropologie oder Psychologie genau darüber nachgedacht wird, was Menschen antreibt, individuell und kollektiv. Was verursacht Wandel beim Einzelnen und in Gesellschaften? Und auf welche dieser Faktoren kann man unter Umständen strategisch Einfluss nehmen? Gerade weil die verschiedenen Disziplinen meist einzelne Aspekte einseitig betonen, geht es mir hier um etwas anderes: nämlich um den Versuch einer Gesamtsicht.

Der Ausgangspunkt des Klimaproblems und unseres übermäßigen Gebrauchs fossiler Brennstoffe ist der moderne Wohlstand in Verbindung mit unseren weitreichenden technischen Möglichkeiten, die Erde zu unserem (tatsächlichen oder vermeintlichen) kurzfristigen Vorteil zu nutzen. Dagegen spielt das Bevölkerungswachstum etwa in Afrika bisher eine relativ kleine Rolle, weil aufgrund der Armut dort nur minimale Pro-Kopf-Emissionen auftreten. Letztlich geht der Klimawandel auf viele kleine, für sich genommen scheinbar irrelevante Handlungen zurück, die ganz normale Bewohner der Industriestaaten sowie der Oberschicht einiger Schwellenländer jeden Tag vornehmen, meist ohne groß darüber nachzudenken. Unternehmen liefern dazu die entsprechenden Produkte und Dienstleistungen – und die Politik setzt einen Rahmen, der all dies ermöglicht. Die Klimawende könnte ich ganz persönlich im Grunde jeden Tag voranbringen. Ich kann auf Urlaubsflüge verzichten, ein Elektroauto oder energieeffiziente Produkte nutzen und im Stadtzentrum statt verkehrstreibend in der Peripherie wohnen; ich kann meinen verbleibenden Stromverbrauch aus klima- und ressourcenschonender Windenergie decken, ganz generell weniger kaufen. Häuser können so perfekt gebaut sein, dass sie null Energiezufuhr brauchen und trotzdem im Winter warm sind. Ich kann also mein Leben technisch optimieren und an einigen Stellen die Notwendigkeit gewohnter Handlungen hinterfragen.[4]

Doch genauer betrachtet ist die Problematik dann doch ein wenig komplexer. Denn weder erklärt das eben Gesagte, wie der problemursächliche Wohlstand zustande gekommen ist, noch erklärt es, warum wir nicht dennoch angemessen auf das Energie- und Klimaproblem reagieren. An mangelndem Faktenwissen oder mangelndem Bewusstsein im Sinne der grundsätzlichen Einstellung, dass sich etwas ändern müsste, liegt es speziell in Ländern wie Deutschland nicht in erster Linie. Neben diversen Umfragen zum Umweltbewusstsein zeigen dies Befunde wie der, dass gerade ökologisch besonders Bewusste nicht selten große Ressourcenverbraucher und beispielsweise Vielflieger sind, die eine eher schlechte Klimabilanz aufweisen.[5] Ein Rentner ohne viel Umweltwissen steht diesbezüglich vielleicht besser da – weil die wichtigen »Klimamarker« Auto, Flüge, Fleischkonsum, Heizen auf ihn weniger zutreffen. Auch wenn ohne Wissen und Bewusstsein der Energieverbrauch in einem reichen Land wie Deutschland vielleicht noch höher läge, besagt ein artikuliertes Umweltbewusstsein also zuweilen wenig über die Gesamtheit der Einstellungen einer Person. Das gilt vor allem deshalb, weil die Äußerung zu einer einzelnen Frage oft die nötigen Abwägungen mit anderen Zielen ausblendet, die der Befragte ebenfalls begrüßen würde; und Einstellungen wiederum haben oft wenig mit dem realen Verhalten zu tun.[6] Kurz gesagt, sind Menschen sowohl hinsichtlich ihrer verschiedenen Einstellungen widersprüchlich als auch hinsichtlich ihrer Einstellungen einerseits und ihres Verhaltens andererseits.

Letztlich liegt die Hauptursache, warum ein echter Richtungswechsel ausbleibt, wohl in einem »doppelten Teufelskreis« zwischen politischen Entscheidungsträgern und Bürgern sowie zwischen Kunden und Unternehmen, die sich jeweils wechselseitig in bestimmten, der Nachhaltigkeit abträglichen Motivationslagen bestärken. Zu einer bestimmten Wirtschaftsweise gehören immer auch Kunden, die viele und ständig mehr und neue Produkte kaufen, nicht nach den Produktionsumständen fragen und sozial-ökologisch vorbildlich hergestellte Produkte zu teuer finden. Ebenso gehören aber auch Unternehmen dazu, die den Kunden bestimmte Angebote machen oder nicht machen, immer mehr anbieten und immer mehr verkaufen wollen. Der gleiche Teufelskreis besteht zwischen Politikern und Wählern. Die einen können nicht ohne die anderen – der Hinweis auf »die Konzerne« greift deshalb zu kurz. Keine politische Partei und kein Unternehmen kommt ohne Wähler respektive ohne Käufer aus.

Auch zwischen Medien und Politik dürfte ein Wechselspiel bestehen, in welchem eine immer weitergehende Personalisierung, Inszenierung und Ästhetisierung von Politik zunehmend gesellschaftliche Diskurse über echte inhaltliche Probleme verdrängt. Und es gibt weitere Wechselspiele: So ist die Politik heutzutage im internationalen Mehrebenensystem organisiert, so dass auch verschiedene Politikebenen sich untereinander sowie mit Bürgern und Unternehmen wechselseitig antreiben oder behindern können. Gleiches gilt für die Rolle von Interessenverbänden. All das ist nicht eine Frage einzelner Beispiele, sondern omnipräsent: Egal welchen Lebensbereich ich betrachte, ob es nun der Klimaschutz oder eher die veränderte Einstellung zur Homosexualität ist, stets hängt etwa Politik davon ab, was in der Gesellschaft gelebt wird, so wie auch umgekehrt das, was gelebt wird, durch politische Rahmensetzungen geformt wird.

17. Menschliche Motivation: Warum eine ernsthafte Energiewende für Politiker, Bürger und Unternehmer gleichermaßen schwierig ist

Allerdings ergeben sich wechselseitige Abhängigkeiten nur, wenn Gesellschaften (und sei es beim globalen Klimaproblem letztlich die Weltgesellschaft) auch irgendwie in sie hineingeraten sind, und die Abhängigkeiten bestehen nur, wenn aus verschiedenen Motiven die Akteure (oder sehr viele von ihnen) auch nur bedingt an einem Aufbrechen der Situation interessiert sind. Vordergründig betrachtet, straucheln Klimaschutz, Ressourcenschonung und generell die Nachhaltigkeit vor allem am hohen Wohlstand der Industriestaaten und dem Wunsch in anderen Teilen der Welt, diesem Lebensstandard nachzueifern. Doch neben solchen vordergründigen Motiven gibt es eine Reihe von Grundstrukturen, die das Handeln der Menschen jenseits bloßen Wissens etwa über Energie- und Klimafragen bestimmen und sowohl im Einzelnen als auch in den Strukturen, die durch Zusammenwirken vieler Einzelner entstehen (etwa »Kapitalismus« und »Staat«), sichtbar sind. Wohlgemerkt, es geht dabei um Bürger, Unternehmer und Politiker gleichermaßen, denn Menschen sind wir alle:

- Ein wesentlicher Faktor sind menschliche Normalitätsvorstellungen: Ungeachtet aller intellektuellen Einsichten leben wir unverändert in einer Hochemissionswelt. Wenn man dieses Buch weglegt, ist das nächste Fleischbuffet, die nächste Autofahrt zur Arbeit oder der nächste Urlaubsflug nie weit. Diese Dinge sind heutzutage schlicht üblich, solange man sie sich finanziell leisten kann. Verabschiedet man sich gänzlich von Flugreisen, gerät man sozial womöglich als Sonderling unter Druck. Zudem befindet man sich bei Fortsetzung des aktuellen Lebensstils in Übereinstimmung mit dem Lebensstil des eigenen gesellschaftlichen Umfeldes, welches beispielsweise entsprechende Wohnungen, Autos und Fernreisen als erstrebenswert und statusrelevant markiert. Dies gilt zunehmend auch für Länder außerhalb der westlichen Welt, die sehr oft industriestaatlichen Vorbildern nacheifern.

- Ebenso relevant (wobei die Punkte nicht trennscharf zu scheiden sind) sind menschliche Gefühle: Zu räumlich und zeitlich entfernten, unsichtbaren, in hochkomplexen Kausalitäten verursachten und daher nur schwer vorstellbaren Klimaschäden haben Menschen (Bürger, Politiker, Unternehmer) meist kaum einen gefühlsmäßigen Zugang. Umgekehrt sind die konkreten Vorteile der täglichen Autofahrt zur Arbeit und des Urlaubsflugs hier und heute vermeintlich sehr gut sichtbar. Diese möglicherweise biologisch im Menschen angelegte Neigung zur Unterkomplexität wird in einer Mediengesellschaft kulturell gesteigert, indem wir nur noch Probleme zur Kenntnis nehmen, die sich in 30-Sekunden-Statements erklären und mit Köpfen, Geschichten und Tagesaktualität verbinden lassen. Außerdem bringen Menschen mehr oder minder ausgeprägte emotionale Neigungen zu Bequemlichkeit, zum Verweilen beim Gewohnten und zum Verdrängen unliebsamer Zusammenhänge (einschließlich etwa der Kosten künftiger Kriege um schwindende Ressourcen) mit. Eine weitere typische Gefühlskomponente ist ein Rechtfertigungsmechanismus: Andere sind vermeintlich noch schlimmer als man selbst (die Geländewagenfahrer, andere Parteien, andere Wirtschaftszweige). Ebenso ein sehr menschliches Gefühl mag die evolutionsbiologisch vermutlich erklärbare Neigung sein, nach »Mehrung« des eigenen Bestands (an Wählerstimmen, an Unternehmensgewinnen, an persönlichem Besitz) zu streben, bei manchen vielleicht übersteigert zu einer regelrechten Gier. Weitere emotionale Faktoren wie ein menschlicher Abwehrreflex bei Kritik oder auch eine verzerrte Wahrnehmung von

Wahrscheinlichkeiten haben ebenfalls Einfluss: Wer fasst sich schon gern an die eigene Nase oder geht gar gegen sich selbst demonstrieren? Dementsprechend lassen sich (erfreulicherweise) zu Demonstrationen gegen Kriege oder gegen Nazis Zehn- oder gar Hunderttausende mobilisieren. Doch zur Dresdner Anti-Braunkohle-Demo 2013 kamen nur 300 Leute.

• Ebenso wichtig sind lange (gegebenenfalls über Jahrhunderte) entstandene typische Überzeugungen in Bezug auf Werte – was nicht das Gleiche ist wie Gefühle oder meist halb- oder unterbewusste Normalitätsvorstellungen – wie die unumschränkte, gerade ökonomische und statusmäßige Selbstentfaltung sowie eine Fixierung auf ein »Steigerungsspiel« und auf einen Pfad des unbegrenzten Wachstums und Fortschritts in persönlicher, wirtschaftlicher und politischer Hinsicht. Wie gesagt, dürfte dies alles Bürger, Unternehmer und Politikerinnen gleichermaßen betreffen.

• Relevant ist ferner der Faktor Eigeninteresse respektive Eigennutzen. Dieser kann in kurzfristigen Unternehmensgewinnen durch möglichst viele verkaufte Produkte und in der entsprechenden Lobbyarbeit und Werbung von Unternehmen bestehen (hier steckt die vielbeschworene »Macht der Konzerne«), was naturgemäß wenig verträglich mit Suffizienz ist. Er kann auch in einer Wiederwahl von Politikern bestehen. Ebenso können verschiedene Politikebenen durch Eigeninteressen an Macht und Profilierung relevant werden.[7] Für künftige Generationen sowie sozial Schwache dagegen ist die Artikulation ihres Eigennutzens schwer oder unmöglich. Denn künftige und junge Menschen sind im politischen Prozess kaum sichtbar, und die Ärmsten haben weniger politische Einflussmöglichkeiten in nationalen und transnationalen Entscheidungsprozessen. Dazu kommt, dass die Vorteile des Klimaschutzes unsicher, häufig weit entfernt und nicht beobachtbar erscheinen, die

Kosten dagegen häufig hier und heute auftreten, etwa in Gestalt politisch gestalteter höherer Energiepreise. Wie bei allen anderen Motivationsfaktoren gilt auch beim Eigennutzen, dass all das erst mal keine moralische Beurteilung bedeutet – es geht schlicht darum, die Faktoren zu benennen, die auf das Vorankommen der Energie- und Klimawende Einfluss haben. Und hier wie bei allen Faktoren gilt eben das Wechselspiel: Es sind nicht nur »die Konzerne mit ihrem Absatzinteresse« oder »die Politiker« oder »die uneinsichtigen Konsumenten und Bürger«, die all das mitmachen und selbst befeuern und ähnlich wenig wie die Unternehmen an Suffizienz und oft auch nicht an neuen Umwelttechnologien interessiert sind – all das ist wichtig! Aber eben alles gemeinsam. Und diese Wechselwirkung erklärt auch, warum in den nichtkapitalistischen Ökonomien des ehemaligen Ostblocks offenbar auch keine Eigeninteressen an stärkerer Ressourcenschonung wirksam wurden. Zwar war dort der Wohlstand geringer, was eine Ressourcenentlastung bedeuten kann, gleichzeitig fehlte aber teilweise das für kapitalistische Akteure typische Effizienzstreben, das manchmal eben Ressourcen aus schlichten Kostengründen schont.

• Des Weiteren bestehen sogenannte Pfadabhängigkeiten: Sind Entscheidungen erst einmal getroffen, wird es oft für einen längeren Zeitraum schwierig, sie zu revidieren. Dies gilt, einerlei, ob es das einmal gekaufte Auto, das einmal errichtete Kohlekraftwerk oder die einmal eingeschlagene politische Linie angeht. Denn man schafft bestimmte Güter nicht ständig neu an, und auch Denkrichtungen können sich entlang eines Pfads zu Denkblockaden verfestigen. Ebenso beinhaltet das westliche, weltweit exportfähig gewordene Kultur-, Technik- und Wirtschaftsmodell als Ganzes eine Vielzahl von Pfadabhängigkeiten, etwa die nur schwer zu revidierende Vorstellung, dass modernes Leben und Wirtschaften in vielfältiger Weise von Wachstum abhängig ist (siehe Abschnitt 13), obwohl menschliche Gesellschaften den größten Teil ihrer Geschichte ohne Wachstum existiert haben. Oder dahingehend, dass die heutige Lebensweise – bisher – weitgehend von jederzeit verfügbaren großen Energiemengen abhängt, etwa in der Nahrungsmittelversorgung mit der Kühlkette von Lebensmitteln oder der mineralischen Düngung.

- Zuletzt muss man beim Klimawandel auch von einem Kollektivgutproblem respektive von einer »Allmendetragik« sprechen: Kein Bürger, keine Unternehmerin und kein Politiker (und auch kein Nationalstaat) kann das globale Klima allein stabilisieren – da es unmöglich ist, andere von der Nutzung der Atmosphäre auszuschließen. Damit besteht die Gefahr, dass letztlich niemand handelt, zumal wenn die Nutzung der Atmosphäre momentan scheinbar kostenlos erfolgen kann und ich mir ohnehin nicht mein Stück stabiles Klima ganz für mich sichern kann. Die Forschung zu Allmenden, etwa der nobelpreisgekrönten Ökonomin Elinor Ostrom,[8] hat zwar wenigstens teilweise aufzeigen können, dass Kollektivgüter dann sinnvoll gemeinsam genutzt werden können, wenn die Zahl der Nutzer überschaubar ist, Sanktionsmechanismen vorhanden sind und oder Kommunikation zwischen den Nutzern stattfindet und deren Verhalten beobachtbar ist. Diese Punkte sind bei der Nutzung der Atmosphäre aber bisher nicht oder nur unzureichend vorhanden. Was allerdings nicht heißt, dass sie nicht geschaffen werden könnten, etwa durch eine weltweite verstärkte Bepreisung der fossilen Brennstoffe (dazu Abschnitt 24).

18. Lassen unsere Gene und die westliche Kultur die Energiewende scheitern? Die Wurzeln des Wachstumsdenkens

Es wurde im letzten Abschnitt wiederholt deutlich, dass menschliche Verhaltensantriebe wie Gefühle oder Eigennutzen eine kulturelle oder biologische – oder etwa auch eine autobiografische – Grundlage haben können. Fälle übermäßiger Inanspruchnahme der Lebensgrundlagen finden sich überall auf der Erde und in der Geschichte. Allein dies schon ist ein wesentlicher Grund für die Annahme, dass die geschilderten Probleme in wichtigen Hinsichten auf menschliche Grundeigenschaften zurückzuführen sind, ebenso wie der Umstand, dass die beschriebenen menschlichen Verhaltensweisen eher genereller Natur sind. Diese Seite menschlichen Handelns hat insbesondere die Soziobiologie in den letzten Jahrzehnten untersucht, initiiert insbesondere von Edward Wilson, der menschliche Gefühle wie Anerkennungssuche, Kurzzeitorientierung oder Bequemlichkeit untersucht und biologisch zu erklären versucht hat.[9] Individuelle Verhaltensweisen wie auch große Strukturen wie unser Wirtschaftssystem beispielsweise mögen damit eine teilweise evolutionsbiologische Grundlage haben. Als mehr oder minder feststehende Gegebenheiten mögen neben biologischen Antrieben auch geografische Eigentümlichkeiten in Erscheinung treten, die beispielsweise das Wirtschaften in Europa und Nordamerika begünstigen.

Zu den tatsächlichen oder vermeintlichen menschlichen Arteigenschaften treten kulturelle Aspekte: Die moderne kapitalistische Wirtschaft, Naturwissenschaft und Technik entstanden »von selbst« nur im Abendland; erst von hier aus verbreitete sich ihr Geist langsam über die ganze Welt. Moderne Wirtschaft, Naturwissenschaft und Technik liefern die wesentlichen Mittel für unsere übermäßige Naturaneignung. Und diese äußeren Faktoren standen historisch in einer Wechselwirkung zu bestimmten Weltanschauungen; gemeinsam prägen sie bis heute unsere Normalitätsvorstellungen, unsere Gewohnheiten, unsere Vorstellungen von Eigennutzen.

Welche kulturellen Prägungen sind das nun, die uns in Richtung eines achtlosen Umgangs mit dem Globalklima treiben?[10] Unbeschränkte wirtschaftliche Freiheit, ein ungehindertes freies Spiel der Kräfte, Wirtschaftswachstum, wohlstands- und technikbezogener Fortschritt und eine bestimmte, hohe Wertschätzung von Arbeit (und damit auch Arbeitsplätzen) sowie das Wohlergehen des eigenen Volkes und der eigenen Industrie, das nennt man in der Philosophiegeschichte den klassischen Liberalismus. Dazu gehört auch ein Anthropozentrismus, der vergisst, dass die menschliche Freiheit ohne bestimmte physische Voraussetzungen nicht existieren könnte. Dieser Hyperindividualismus, wie man es vielleicht eher nennen sollte, zielte klassischerweise auf wirtschaftliche Entfaltung. Heute wird dagegen unter postmodernen Vorzeichen der Selbstverwirklichungsgedanke immer einflussreicher.

Das Freiheitsideal hat im Okzident die größten Selbstentfaltungsmöglichkeiten und den größten Wohlstand seit Menschengedenken gebracht. Ebenso hat das klassische Freiheitsideal durchaus das soziale Streben des frühneuzeitlichen Bürgertums und sodann der Arbeiter nach einer gleichberechtigten Anerkennung aller Menschen in einer Gesellschaft in etwa verwirklicht. Zudem gibt es eine wechselseitige Bedingtheit von Individualismus und (Wohlstand schaffendem) Kapitalismus: Der Kapitalismus kann nicht ohne eine über grundrechtliche Freiheitsgarantien hergestellte Rechtssicherheit leben. Und der Individualismus kann kaum ohne die Möglichkeit persönlicher (auch) ökonomischer Entfaltung existieren.

Die Zentrierung um Arbeit und Individualität entstammt ideengeschichtlich allerdings nicht erst dem Liberalismus, sondern eher schon dem Protestantismus, primär in der von

Johannes Calvin geprägten und von seinen Nachfolgern in Staaten wie England, die späteren USA oder auch Frankreich exportierten Version. Besonders gilt die calvinistische Vorprägung für die breite Bevölkerung oder wenigstens die Bildungselite in den Ländern Westeuropas und Nordamerikas, in denen sich klassisch-liberale Ideen in Philosophie, Wirtschaft und Recht zuerst durchsetzten. Die Reformation im 16. Jahrhundert artikulierte eine Kritik an einem katholischen Autoritarismus und Traditionalismus, stellte den Menschen stärker auf sich selbst und brach mit dem mittelalterlichen Gemeinschaftsdenken. Das Priestertum aller Gläubigen wurde propagiert und der Einzelne direkt auf Gott verwiesen. Neben diesem Startpunkt für den modernen Individualismus ist auch eine ausgeprägte Fokussierung auf die Arbeit – im Sinne einer »Sichtbarmachung der göttlichen Berufung« – für den Protestantismus charakteristisch. Dies protegierte dann auch das moderne Ideal des Wachstums, der technischen Optimierung, der Schaffung des »Paradieses auf Erden«. Wobei die Religion die wirtschaftlich-technische Entwicklung stimulierte, aber auch unter ihrem Einfluss stand – ebenso wie der soziale Emanzipationsanspruch des frühen Bürgertums in ihr wirkte. Es schöpfte sein Selbstbewusstsein aus selbst erarbeitetem ökonomischem Erfolg, in Abgrenzung zum »faulen Adel«.

Einen weiteren wichtigen Schritt auf dem Weg zu Autoritätenschwund und Pluralismus markiert die später von Hobbes übernommene calvinistische – eigentlich schon von Augustinus oder teilweise sogar von Platon herrührende – Anthropologie vom eigennützig-bösen, aber dadurch zugleich durchaus produktiven Menschen. Daraus wurde einerseits ein einseitig staatsabwehrendes und ansonsten wirtschaftsliberales Freiheitsideal. Andererseits entwickelte sich daraus zusammen mit dem Arbeits- und Fortschrittsideal die nichtnachhaltige Vorstellung, die Welt durch technische und wirtschaftliche Mittel zu einem Paradies auf Erden machen zu müssen. Aus den protestantischen Gedanken entstand aber auch die Idee einer pluralistischen Gesellschaft, in der die Herrschaftsgewalt das Individuum in einer weiten persönlichen Sphäre in Ruhe lässt. Dies liegt teilweise am Individualismus und an der Autoritätsskepsis, ferner an der reformationsbedingten Pluralität von Konfessionen in Europa. Auch die neuzeitliche Demokratieidee, die wiederum teilweise in calvinistischen Gemeindekonzepten wurzelte, sowie der calvinistische Widerstandskampf gegen religiöse Unterdrückung in der frühen Neuzeit spielte eine Rolle. All diese Faktoren beförderten mit dem calvinistischen Streben nach Rechtssicherheit für den sich formierenden Kapitalismus sowie nach sozialer Aufwertung des entstehenden Bürgertums die moderne wirtschaftlich ausgerichtete Freiheitsidee. Einschließlich aller Folgeprobleme, etwa für den Klimaschutz. All dies vertieft die Erklärung, dass kulturelle Faktoren im Rahmen von Eigennutzenkalkülen, Überzeugungen oder Normalitätsvorstellungen für eine Energie- und Klimawende ein erhebliches Hindernis bilden.

19. Können Bürger und Unternehmen »das Klima retten«? Chancen und Grenzen einer Energiewende von unten

Nach dem Gesagten liegt die Erkenntnis nahe, dass die Teufelskreise des Energie- und Klimathemas nur durch ein Wechselspiel oder Pingpong der unterschiedlichen Beteiligten aufgelöst werden können. Diskussionen darüber, ob nun »die Konsumenten« oder doch eher »die Politik« oder »die Unternehmer« die Energie- und Klimawende blockieren, verfehlen bereits diese grundsätzliche Einsicht. Die Normalitätsvorstellungen und Eigennutzenkalküle der Beteiligten sind, wie gezeigt, so aufeinander bezogen, dass nur ein sich wechselseitig aktivierendes Voranschreiten in Bürgerschaft, Unternehmen und bei der politisch-rechtlichen Rahmensetzung den gewünschten Erfolg bringen könnte. Letztlich dürfte dies für jedwede Form gesellschaftlichen Wandels gelten. Welche Faktoren wie Eigennutzen, Normalitätsvorstellungen, Kollektivgutprobleme und Gefühle inwieweit beeinflussbar erscheinen und wie hier die Akteure einschließlich der politisch-rechtlichen Rahmensetzung zusammenwirken könnten, wird im Abschnitt 20 betrachtet.

Im Folgenden will ich aber zunächst aufzeigen, in welchen Hinsichten (wenn die Motivation gegeben wäre) der Einzelne und die Unternehmen sinnvoll tätig werden könnten. Und der oder die Einzelne hat ganz erhebliche Handlungsmöglichkeiten, viele sind bekannt, werden aber in ihrer Bedeutsamkeit erheblich unterschätzt. Diese Fehleinschätzung ist neben den generellen motivationalen Blockaden beim Energie- und Klimathema (Abschnitt 17) ein Grund, warum viele Menschen passiv bleiben:[11]

- Über meine Ernährung kann ich (in Deutschland) weitgehend selbst entscheiden; saisonale, regionale und ökologische Produkte benötigen für Herstellung und Transport weniger Emissionen als andere.
- Ebenso kann ich selbst über meinen Stromanbieter entscheiden. Ein Wechsel zu einem Ökostromanbieter ist einfach und je nach Angebot nicht mit höheren Kosten verbunden.
- Gleiches gilt für die Art meiner Fortbewegung im Alltag. Auch hier habe ich Optionen: Gibt es die Möglichkeit, Fahrgemeinschaften für die Fahrt zur Arbeit zu bilden? Bin ich mit dem Fahrrad vielleicht schneller bei der Chorprobe? Kann mein Kind vielleicht den öffentlichen Nahverkehr zur Schule nutzen, anstatt gebracht zu werden?
- Oder im Urlaub: Ist für Entspannung, Erholung oder tolle Erlebnisse wirklich maßgeblich, dass ich an einen Ort ge-

flogen bin? Gibt es nicht in der Nähe noch Spannendes zu entdecken? Und wenn nicht, ist nicht eine Reise per Zug oder Bus bereits ein Teil des Urlaubs?

- Auch wie viele elektrische Geräte ich habe und nutze, unterliegt meiner eigenen Entscheidung. Gibt es Möglichkeiten, Geräte, die ich selten brauche, auszuleihen oder Dinge, die nicht mehr funktionieren, zu reparieren?

- Insgesamt ist es mir überlassen, wie viele Dinge ich kaufe. Auch für die Produktion neuer Kleidung werden große Mengen Energie benötigt. Dabei werden Secondhand-Angebote immer attraktiver, und hochwertigere Anschaffungen halten meist länger als eine Saison. Bei Neuanschaffungen von energieintensiven Geräten wie Waschmaschinen und Kühlschränken kann ich auf den Verbrauch und Energiestandards achten.

- Möglich ist ferner, gemeinsam mit anderen, Energiegenossenschaften und ähnliche Formen gemeinsamer Investitionen in eine nachhaltige Energieversorgung zu tätigen, also beispielsweise in Windräder und Solardächer, sofern ich solche nicht allein anschaffen kann oder möchte. Durch eine solche »Energiewende von unten« befördert man zugleich die möglicherweise gerade wünschenswerte Dezentralisierung der Energieversorgung (siehe Abschnitt 15).

- Und vor allem kann ich mich politisch engagieren, um an vielen Stellen das Wechselspiel respektive das wechselseitige Vorantreiben einer besseren Energie- und Klimapolitik in Gang zu setzen.

Auch freiwilliges unternehmerisches Handeln kann zur Lösung der Energie- und Klimaproblematik einen wichtigen Beitrag leisten (man kann auch von Unternehmensverantwortung oder Corporate Social Responsibility/CSR sprechen). Interessant sind für freiwilliges unternehmerisches Handeln damit insbesondere solche Optionen, die dem Unternehmen

Gewinn versprechen oder die zumindest in etwa kostenneutral sind. Dies trifft gerade auf Energieeffizienzmaßnahmen in aller Regel zu; auch eine Umstellung der eigenen Energieversorgung auf erneuerbare Energien wird häufig hierunter fallen. Ebenso kann die Mobilität der eigenen Angestellten durch eine Vielzahl von Maßnahmen wie etwa die Anregung zur Bildung von Fahrgemeinschaften ökologisch positiv beeinflusst werden.

Doch die Hoffnung auf freiwilliges Tätigwerden der Einzelnen und der Unternehmen allein reicht nicht aus, so wenig, wie allein politische Maßnahmen die Energie- und Klimawende bewältigen können. Dass die Einzelnen das Problem ohne politisch-rechtliche Vorgaben nicht bewältigen können, folgt nicht nur allgemein aus der formulierten Einsicht, dass Wandel beim Einzelnen eben ein Wechselspiel mit politisch-rechtlichen Vorgaben benötigt. Es folgt konkret auch aus dem Kollektivgutproblem, welches ein Handeln des Einzelnen schwieriger macht als ein kollektives – also durch politisch-rechtliche Vorgaben in eine gemeinsame Richtung gesteuertes – Handeln. Zur Erinnerung daran, worin dieses Problem besteht (siehe Abschnitt 17): Es ist eben schwierig, sich zum Schutz eines globalen Gutes wie des Klimas zu motivieren, wenn ich selbst mir eben nicht mein »kleines Stückchen heiles Klima« als sichtbares Ergebnis eigenen Handelns sichern kann – Klimaschutz geht halt nur gemeinsam mit anderen. Zudem wäre allein in der Perspektive des Einzelnen zu wenig klar, was genau der Einzelne tun und wie weitgehend er sein Verhalten ändern muss, um ein bestimmtes Energie- oder Klimaziel zu erreichen. Auf was genau muss ich vielleicht verzichten, und wann, und wie viel genau muss ich in Relation zu anderen beitragen? Es ist nahezu unmöglich, solche Fragen auf einer rein individuellen Ebene zu beantworten. Speziell die Option technischen Wandels steht dem Einzelnen ohne politisch-rechtlichen Rahmen nicht so einfach zur Verfügung. Es kann sich nicht jeder seine persönliche, hocheffiziente Niedrigemissionstechnologie erfinden. Und ohne ergänzende politisch-rechtliche Vorgaben drohen Emissionsverlagerungen in andere Bereiche und Länder (siehe Abschnitt 23). Aus den gleichen Gründen ist es wenig wahrscheinlich, dass allein ein freiwilliges unternehmerisches Handeln die Energie- und Klimawende bewerkstelligen kann. Bei Unternehmen kommt im Vergleich zum Einzelnen erschwerend hinzu, dass diese sich am Markt behaupten müssen und ein freiwilliges Engagement – sofern es einen großen Umfang annimmt – daran scheitern kann, dass dem Unternehmen dann die Pleite droht. Rein freiwillig praktizieren Unternehmen in der Praxis meist folgerichtig nur solche Minimalstandards, deren Verletzung zu Haftungsfällen oder großer öffentlicher Aufmerksamkeit führen würde. Natürlich möchte ein Unternehmen große Chemieunfälle verhindern. Ob dem Globalklima geschadet wird, kommt demgegenüber weniger in den Blick. Ebenso praktizieren Konsumenten freiwilligen Klimaschutz häufig nur dann, wenn es um Handlungen geht, die mir selbst konkret nützen. Wenn ich abnehmen möchte, werde ich vielleicht (wie einige Prozent der Bevölkerung) Vegetarier, selten aber werde ich Vegetarier aus Klimaschutzgründen. Man kann dabei durchaus plausibel annehmen, dass die Vorstände auch der multinationalen Konzerne durchaus den Wunsch haben, moralisch gute Menschen zu sein und nicht als »Lumpen« dazustehen, doch wird dies durch Eigennutzenerwägungen, aufs Hier und Heute verengte Gefühle, Bequemlichkeitsvorstellungen, Normalitätsvorstellungen und vieles andere im konkreten Fall dann doch überlagert.

Nicht selten besteht auch ein Wissensproblem. Die ökologischen Produktionsverhältnisse sind sehr häufig zu komplex, und das Wissen darum beim einzelnen Verbraucher unweigerlich begrenzt. Gerade die vollständige Klimabilanz jedes einzelnen von mir gekauften Produkts ist von mir oft nur schwer zu durchschauen. Sehe ich etwa dem Handy an, welcher Produktionsschritt wie viel Energie verbraucht hat? Ebenso kann ich übrigens die Arbeitsbedingungen, Lohnniveaus, Abwesenheit von Kinderarbeit und so weiter unmöglich für den wesentlichen Teil meiner Kaufentscheidungen vorher »prüfen«. Komplexe Unternehmensverflechtungen und Zulieferverhältnisse machen alles noch schwieriger. Wenn aber die Konsumenten keinen Klimaschutz-Druck aufbauen, werden auch die Unternehmen nicht reagieren.

20. Das Wechselspiel von Politik, Bürgern und Wirtschaft beim gesellschaftlichen Wandel – Langsamkeit, kleine Schritte, Visionen

Wie also müssen die unterschiedlichen Akteure für eine ernsthafte Energiewende zusammengebracht werden? Ich selbst würde mich ja anders verhalten, wenn die Politik Energie teurer machen würde, aber die Politik macht Energie ihrerseits nicht teurer, weil sie nicht von mir abgewählt werden möchte. Wenn die Teufelskreise zwischen diversen Beteiligten wie Politik, Unternehmen, Bürgerinnen und Konsumenten, Interessenverbänden etc. aufgebrochen werden sollen, die im Augenblick eine ernsthafte Energiewende verhindern, geht das nur in einem Wechselspiel der Akteure. Es sind also andere gelebte Normalitätsvorstellungen, andere politisch-rechtliche Regelungen, andere unternehmerische Entscheidungen und andere Positionierungen von Verbänden nötig, die sich gegenseitig vorantreiben. Es wurde schon festgehalten, dass damit sowohl eine beobachtende Aussage über den realen gesellschaftlichen Wandel getroffen wird als auch eine Strategie formuliert wird, wie man ihn beeinflussen kann. Die Grundaussage ist, dass gesellschaftlicher Wandel kollektiv und individuell hinsichtlich seiner vielfältigen Beweggründe zwar erklärt werden kann (Abschnitt 17), diese Beweggründe jedoch nur schwer planmäßig verändert werden können. Man kann die Ansatzpunkte für einen Wandel am besten benennen, wenn man die oben aufgezeigten menschlichen Beweggründe nacheinander betrachtet:

- Das Kollektivgutproblem Klimawandel verlangt nach politisch-rechtlichen und damit kollektiv geltenden Regeln, damit nicht der Einzelne sich allein umstellen muss. Sinnvoll ist daher beispielsweise eine breite schrittweise Anhebung der fossilen Brennstoffpreise. Dies reflektiert zugleich den menschlichen Eigennutzen, der auf Preise reagiert. Aber nicht nur: Denn auch Normalitätsvorstellungen werden durch den Preis eines Gutes (etwa Benzin) potenziell mitgeprägt. Die Vorstellung etwa, dass ein Fernseher oder eine Waschmaschine zu einem »normalen« Haushalt gehören, wäre wohl kaum entstanden, wenn diese Güter sehr teuer wären.
- Durch politisch-rechtliche Regelungen können auch bestimmte Pfadabhängigkeiten bewältigt werden. Verbietet man beispielsweise neue Genehmigungen für Kohlekraftwerke oder für energetisch ineffiziente Häuser, legt sich die Gesellschaft nicht langfristig auf diese Nutzungsformen fest.
- Dass Eigennutzenkalküle sich verändern, würden manche vielleicht bestreiten, doch es ist schon historisch offenkundig, dass Menschen sowohl im Laufe ihres Lebens als auch im Laufe der Menschheitsgeschichte ganz unterschiedliche Dinge als für sie persönlich nützlich begreifen können. Sicherlich haben Ölförderstaaten kein großes Interesse an einem besseren globalen Klimaschutz. In der Tat – aus ähnlichen Gründen hat es auch historisch so lange gedauert, bis aus lokalen Fürstentümern große Staaten wurden. Und vielleicht werden die Menschen, ebenso wie bei der Gründung des Nationalstaates, irgendwann erkennen, dass zur Wahrung ihrer Eigeninteressen eine neue, andere Politik-

ebene als die nationale nötig ist. Die beispielsweise den Klimawandel beherzt angeht. Insbesondere können durch politisch-rechtliche Rahmensetzungen Eigennutzenkalküle in eine andere Richtung gelenkt werden, indem man beispielsweise fossile Brennstoffe verteuert (ausführlich dazu Abschnitt 23). Man kann auch im Rahmen der Bildung (zu dieser Abschnitt 28) dazu anhalten, individuelle Eigennutzenkalküle neu zu reflektieren und beispielsweise den längerfristigen Eigennutzen stärker einzubeziehen, ebenso wie ich selbst diese Überlegungen täglich anstellen kann. Langfristig bringen Klimaschutzbemühungen wie gesagt große Vorteile, sogar ökonomisch, nur wird das bisher zu wenig wahrgenommen, obwohl es prinzipiell bekannt ist.

• Normalitätsvorstellungen verändern sich ebenfalls und können von uns allen theoretisch jeden Tag auch hinterfragt und revidiert werden (Vorschläge dazu für den Einzelnen enthielt Abschnitt 19), sie folgen aber keinem Masterplan, und mit dem hohen Beharrungsvermögen solcher Vorstellungen hat man ein Problem. Beeinflussen kann man Normalitätsvorstellungen häufig etwa durch sehr konsequent handelnde Vorbilder, seien es Politiker, Showstars, Unternehmer oder andere öffentlich sichtbare Personen. Leider wird diese Möglichkeit bisher in der Energie- und Klimadebatte weitgehend verschenkt, weil es solche Vorbilder im Wesentlichen nicht gibt. Man braucht freilich als Einzelner nicht auf die großen Vorbilder zu warten, sondern kann das bisher Unhinterfragte im eigenen Lebensentwurf selbst zu hinterfragen beginnen, andere Lebenspraktiken ausprobieren, mit anderen darüber reden, sich Bündnispartner suchen und sich gegenseitig ein Vorbild sein, sich von Rückschlägen nicht entmutigen lassen. Hilfreich sein können auch Allianzen wie Umweltverbände oder Graswurzelinitiativen, die Druck aufbauen, geänderte Lebens- und Wirtschaftsweisen vorleben, positive Visionen aufzeigen, gleichzeitig aber auch die möglichen katastrophalen Folgen eines Nichthandelns verdeutlichen (näher neben Abschnitt 19 auch Abschnitt 28). Zentral wichtig ist auch bei Normalitätsvorstellungen der Hinweis, dass diese – es geht ja die ganze Zeit um Wechselspiele respektive Teufelskreise – nicht nur die Politik prägen, sondern auch von dieser mitgeprägt werden. Eine bessere Energie- und Klimapolitik hängt deshalb zwar vom Wandel bei uns allen in puncto Normalitätsvorstellungen ab, sie kann diesen Wandel aber auch ihrerseits mitprägen.

- Möglich und dringend notwendig ist auch eine verstärkte Debatte über einen Wertewandel respektive neue Überzeugungen, weg vom Wachstums- und Naturbeherrschungsglauben und weg von einem primär konsumistisch ausgelebten Freiheitsverständnis ohne Rücksicht auf die erwartbaren Folgen. Auch Wertewandeldebatten lassen sich nicht am Reißbrett planen, sie sind aber an sich leichter möglich als Debatten über Normalitätsvorstellungen, die Menschen oft privater berühren.

- Generell schwierig bleibt, dass die grundlegenden menschlichen Gefühle sich kaum verändern lassen, gerade weil sie eine biologische Grundlage haben dürften. Bereits geänderte Normalitätsvorstellungen sind wie gesagt nur schwer planbar. Erst recht werden grundsätzliche emotionale Ausstattungen des Menschen wie Tendenzen zur Bequemlichkeit, Gewohnheit, Verdrängung oder Desinteresse an raumzeitlich komplexen Problemen nur unter größten Schwierigkeiten zu relativieren sein. Die Ansatzpunkte zum Tätigwerden sind letztlich die gleichen wie im vorletzten Gliederungspunkt bei den Normalitätsvorstellungen. Beispielhaft gesprochen: Dass Menschen den Klimawandel gerne verdrängen möchten und vom Bauch her wegen seiner Komplexität und vermeintlichen Ferne eher unwichtig finden, wird sich wohl kaum ändern lassen. Doch wenn man genau dieses Problem versteht, kann man sich selbst Brücken zu bauen versuchen, in dem man sich

Bündnispartner sucht, mit anderen diskutiert, Allianzen schmiedet und andere Lebens- und Wirtschaftsweisen im persönlichen Rahmen ausprobiert. Und auch die Politik kann beispielsweise der Verdrängungsneigung zwar wohl kaum an sich begegnen, sie aber konterkarieren, wenn etwa Energie gezielt teurer gemacht und die Relevanz dieses Faktors damit alltäglich stärker sichtbar gemacht wird.

- Dass all dies bisher zu wenig geschieht, liegt nicht zuletzt daran, dass es eben nicht reicht, wenn ich als Einzelperson diesen oder jenen Schritt gehe. Viele andere müssen dies ebenfalls tun, was viel schwieriger ist, als wenn nur ich persönlich meine Mobilität, mein Heizverhalten und meine Ernährungsweise ändern wollen würde. Die Schritte bei den vielen einzelnen Bürgern sind leider auch viel weniger planbar als die politischen Maßnahmen, die per se darin bestehen, dass allgemeine Vorgaben gemacht werden und gerade nicht nur eine Einzelperson für sich selbst etwas ändert. Und außerdem sind eben die beteiligten Politiker, Unternehmer, Bürgerinnen, Verbandsvertreter und weiteren Beteiligten in Teufelskreisen miteinander verbunden, die sie wechselseitig blockieren.

Ob der gesellschaftliche Wandel sich schnell genug für das Energie- und Klimaproblem vollziehen wird, ist damit unklar, ein Wundermittel gibt es nicht, trotz der eben gegebenen klaren Anhaltspunkte, wo Veränderungen ansetzen können. Häufig bricht an dieser Stelle eine Diskussion aus, ob kleine Schritte oder weitgehende Visionen und Forderungen eher zum Ziel führen. Gesellschaftlicher Wandel läuft meist eher in kleinen Schritten ab, aber auch Brüche sind denkbar – und Leitbilder und weitreichende Forderungen können durchaus Wirkung erzielen. Dass kleine Schritte nicht unterschätzt werden sollten, illustriert eine von mir häufig erzählte Geschichte.[12] Lege ich auf meiner Geburtstagsparty ein Stück Käse hin, bleibt es liegen. Schneide ich es in Würfel, wird alles aufgegessen. Obwohl der Käse genau der gleiche ist. Bequemlichkeit erklärt dies zum Teil. Aber nicht nur das: An sich weiß im Wellness-Zeitalter jeder, dass größere Mengen cholesterinhaltiger Lebensmittel am späten Abend nicht gerade gesund sind. Doch die Grenze zwischen »dick werden« / »nicht dick werden« verschwimmt durch Häppchen. Einer solchen Salamitaktik des Schrittchen-für-Schrittchen halten auch gute Vorsätze kaum stand. Muss man sich dagegen für einen »großen Schritt« entscheiden, und sei es nur das Abschneiden einer Käsescheibe, kann man sich offenbar schlechter selbst vormachen, man tue ja gar nichts und esse eigentlich gar nicht (»nur das kleine Stückchen Käse noch…«). Salamitaktik verschleiert also Brüche zwischen Denken und Handeln – aber auch zwischen einem Handeln X und einem gegensätzlichen Handeln Y. Dementsprechend eignet sich Salamitaktik hervorragend für Politiker und Unternehmen, um Reformen trotz unser aller Neigung, am Gewohnten festzuhalten und Veränderungen unbequem zu finden, auf den Weg zu bringen.

Unsere Neigung zum Gewohnten ist manchmal durchaus hilfreich; so müssen wir nicht vor jedem Handgriff erst Grundsatzanalysen anstellen. Große Reformen wie die Energie- und Klimawende werden dadurch aber schwierig, trotz klarer Einsichten. Zumal bei den vielen scheinbar so kleinen klimaschädlichen Handlungen der Widerspruch zu den »richtigen Einsichten« kaum auffällt und die Grenzziehung zu den »richtigen Handlungen« nicht leichtfällt. Aber manchmal siegt die Einsicht dann doch: nämlich genau dann, wenn beispielsweise der Eigennutzen für eine Änderung spricht und die Änderung selbst scheibchenweise daherkommt. Nur – eigentlich ist es für eine solche Salamitaktik beim Klima schon zu spät. Insofern ist offen, ob die Energie- und Klimawende rechtzeitig in Gang kommt. Oder ob Dennis Meadows mit seinen Prognosen von 1972 im Grundsatz recht behält, dass entweder durch Kriege oder Ressourcenmangel oder

Nahrungsmangel oder Umweltzerstörung früher oder später ein gewaltsames Kollabieren des heutigen industriestaatlichen Lebens- und Wirtschaftsmodells zu erwarten ist.

Für Fatalismus besteht jedoch kein Anlass, auch wenn es kein einfaches Patentrezept für gesellschaftlichen Wandel gibt und nicht sicher vorhergesagt werden kann, ob wir letztendlich Erfolg haben werden. Denn die Gliederungspunkte oben benennen die möglichen Ansatzpunkte für Veränderung, und das folgende Kapitel IV zeigt im Einzelnen auf, wie insbesondere die Politik auf diese Erkenntnisse aufbauend wirksam tätig werden könnte (zu Bürgern und Unternehmen schon Abschnitt 19). Nicht hilfreich ist an dieser Stelle dagegen eine Henne-Ei-Diskussion darüber, ob denn nun eher die Politik oder wir alle oder die Unternehmen oder noch jemand anderes der entscheidende Akteur ist, »der anfangen muss«. Teufelskreise können aller Voraussicht nach nur so überwunden werden, dass alle Akteure sich bewegen – vorwärts, in vielen kleinen Schritten.

IV
Politik der Energiewende:
Erfolge, Misserfolge und Alternativen

21. Stand der nationalen und transnationalen Energie- und Klimapolitik

Wir haben gesehen, dass eine gelingende Energie- und Klimawende ein Wechselspiel zwischen den Akteuren erfordert. Auf eine im Wesentlichen freiwillige Energiewende »von unten« aus der Bevölkerung respektive den Unternehmen kann man sich nicht verlassen. Der Markt allein reicht nicht; denn die großen ökonomischen Vorteile der Energiewende für uns alle treten erst langfristig auf und motivieren jetzt und heute allein schon wegen des Kollektivgutproblems kaum jemanden zum Handeln. Zudem bestehen wie geschildert emotionale Restriktionen, Probleme mit überkommenen Normalitätsvorstellungen und anderes mehr. Es sei denn, ökonomische Vorteile treten kurzfristig ein, wie bei der Wärmedämmung. Die Welt braucht aber mehr Klimaschutz als nur den, der sich kurzfristig rechnet.[1] Wenn im Wechselspiel der Akteure auch politisch-rechtliche Regelungen gefordert sind, dann sollten diese allerdings so gewählt sein, dass sie tatsächlich wirksam sind. Wie sie aussehen könnten, untersucht das Kapitel IV. Dass dabei mal von politischen, mal von politisch-rechtlichen Ansätzen die Rede ist, begründet keinen Unterschied in der Sache: Politische Maßnahmen als verbindliche Maßnahmen haben nämlich stets eine Rechtsform.

Energie- und Klimapolitik respektive Energie- und Klimaschutzrecht ist eine komplizierte Sache. Es gibt eine große Anzahl einschlägiger Maßnahmen und Gesetze in Deutschland und in der EU, in manchen Punkten auch international, also im Völkerrecht verankert. Erheblich gewandelt hat sich im Laufe der Zeit die zugrunde liegende Intention. Vor 100 Jahren stand im Wesentlichen im Vordergrund, dass Energie verlässlich zur Verfügung stehen sollte, dass also Versorgungssicherheit herrschen sollte. Deshalb gab es etwa Regelungen, wie das Stromnetz zu bauen war. Dass dieser auch als Energiewirtschaftsrecht bezeichnete Regelungsbereich in den letzten Jahrzehnten Tendenzen zur Marktöffnung und Privatisierung erlebt hat, kam in Abschnitt 8 schon zur Sprache.

Seit etwa 20 Jahren zielen Energie- und Klimapolitik auch darauf ab, andere Energieträger als die fossilen Brennstoffe in den Markt zu bringen, Energie effizienter zu verwenden und Treibhausgasemissionen einzusparen. Dabei ist über die Jahre ein immer dichteres Regelungsnetz entstanden, das selbst Politiker, Abgeordnete und Juristinnen nur noch selten durchschauen. Es hier systematisch für die Bereiche Strom, Wärme, Treibstoff und stoffliche Nutzungen der fossilen Brennstoffe zu entfalten, würde den Rahmen sprengen.[2] Gerade die deutsche Politik hat jedenfalls in letzter Zeit eine beeindruckende Vielzahl von Gesetzen erlassen oder weiterentwickelt, um bis 2020 gegenüber 1990 eine Treibhausgasreduktion von, so die wiederholt artikulierte Zielsetzung, 35 bis 40 % zu ermöglichen. Es gibt ein Erneuerbare-Energien-Wärmegesetz, welches für Neubauten eine anteilige Nutzungspflicht erneuerbarer Wärme vorschreibt. Es gibt eine reformierte Kfz-Steuer und eine Abwrackprämie für Altautos. Eine verbesserte Energieeffizienzverordnung für Gebäude wurde ebenfalls angeschoben, um die Wärmedämmung voranzubringen; denn allein auf Gebäude entfällt über ein Drittel des deutschen Treibhausgasausstoßes. Ebenso nehmen die Kennzeichnungen für energieeffiziente Geräte zu. Ferner wurde der Stromleitungsbau erleichtert, um ein stärkeres Netz zum Ausgleich fluktuierender erneuerbarer Energien bereitzustellen und beispielsweise Windparks in Nord- und Ostsee mit den Bevölkerungszentren besser verbinden zu können. Bereits seit 1999 gibt es ferner eine spezielle Strom- und Mineralölsteuer, die Strom und Treibstoff verteuern und ihre Verwendung folglich effizienter und sparsamer machen soll. Auch gibt es eine Reihe von Subventionsprogrammen und sonstigen kleinen Regelungen. All das wurde durch die offiziell so bezeichnete Energiewende nach Fukushima 2011 noch etwas (wenngleich nicht grundlegend) nachgebessert. Eine besonders umstrittene Rolle in Deutschland spielt das Erneuerbare-Energien-Gesetz (EEG) für den Stromsektor, es wird daher separat in Abschnitt 24 behandelt.

Auch die EU ist nicht untätig und will durch mehr Energieeffizienz und mehr erneuerbare Energien die EU-weiten Emissionen bis 2020 um 20 % senken. Das bekannteste Instrument dafür ist der Emissionshandel oder Emissions Trading Scheme (ETS). Der Emissionshandel soll schrittweise Emissionsreduktionsziele über bestimmte Zeiträume hinweg festlegen, ihre Umsetzung aber für die Unternehmen erleichtern und billiger machen (aus den gleichen Gründen erlaubt das Kyoto-Protokoll international einen Emissionshandel zwischen den Staaten, die Reduktionsverpflichtungen gemäß Kyoto unterliegen). Durch eine Mengenbegrenzung zulässiger Treibhausgasausstöße können mit dem ETS Klimaziele vorgeschrieben und erreicht werden. Der Emissionshandel gilt EU-weit bisher für bestimmte Industriezweige wie etwa Stromkonzerne, die Stahl- oder die Zementherstellung. Dabei erhalten die Unternehmen schrumpfende Emissionskontingente, mit denen sie dann handeln dürfen, wenn sie selbst weniger verbrauchen und ein anderes Unternehmen vielleicht mehr, weil beispielsweise dort die vorgeschriebene Treibhausgasreduktion schwerer zu bewerkstelligen ist. Die Zuteilung der Kontingente ist dabei kompliziert, in der Vergangenheit wurden die Zertifikate großenteils aufgrund der bisherigen Emissionshöhen verschenkt. Ferner schreibt die EU neuerdings ihren Mitgliedstaaten bestimmte Ausbauziele für erneuerbare Energien vor, kurz gesagt 20 % Anteil der Erneuerbaren bis 2020. Auch effizientere Autos werden verordnet, ebenso wie mehr Anstrengungen der EU-Mitgliedstaaten in anderen Klimaschutzbereichen wie etwa bei Haushaltsgeräten.

All dies ist für Deutschland und die EU nur eine Momentaufnahme, denn die Energie- und Klimapolitik befindet sich in einer dauernden Veränderung, die manchmal aktionistische Züge trägt. Auf europäischer Ebene wird aktuell beispielsweise der »Klima- und Energierahmen 2030« eingehend diskutiert, der die Richtung für die noch nicht weiter konturierte künftige Politik vorgeben soll. Alle diese Maßnahmen bedeuten allerdings nicht zwangsläufig, dass EU-Kommission, EU-Ministerrat und Bundesregierung – und nicht zuletzt die Parlamente – tatsächlich einen möglichst weitgehenden Klimaschutz und einen raschen Übergang zu erneuerbaren Energien anstreben. Wir stellten bereits in Abschnitt 8 fest: Aktuell stellen die erneuerbaren Energien ein Viertel des Strommixes etwa in Deutschland. Bei Wärme und Treibstoff ist der Anteil wesentlich geringer, so dass der Gesamtenergieeinsatz sich nur zu gut einem Zehntel aus erneuerbaren Energien speist. Ebenso wurde in Abschnitt 7 die bisherige ziemlich ernüchternde Treibhausgasbilanz in der EU und in Deutschland dargestellt. Offenbar sind also – was nach der Motivationsanalyse (auch) für Politiker im Kapitel III nicht wirklich überrascht – die realen Wirkungen der Energie- und Klimapolitik viel geringer, als das viele beschriebene Papier vermuten lässt.

Ein paar Worte zum Stand der internationalen Klimapolitik. Als eine Art »Grundgesetz des globalen Klimaschutzes« wurde infolge der aufkommenden Klimawandeldiskussion 1992 in Rio de Janeiro die Klimarahmenkonvention der UN zwischen 192 Staaten weltweit vereinbart, auf deren Umsetzung auch die Energie- und Klimastrategie der EU und der Bundesrepublik maßgeblich abzielt. Dieses Rahmenübereinkommen der Vereinten Nationen formuliert das verbindliche Ziel, »gefährliche« anthropogen verursachte Klimaänderungen abzuwenden. Im 1997 vereinbarten Kyoto-Protokoll wird die Rahmenkonvention folgerichtig in konkrete Treibhausgasreduktionspflichten für Industriestaaten bis 2012 – gemessen an 1990 – übersetzt. Die Industrieländer mussten nach diesem Protokoll indes nur 5,2 % Treibhausgasreduktion von 1990 bis 2012 erbringen. Und selbst dieses Mini-Ziel wurde nur dank der Industriezusammenbrüche 1990 in Osteuropa nicht flagrant verfehlt. Schwellenländer wie China oder Indien unterliegen gemäß dem Kyoto-Protokoll erst gar keinen Reduktionsverpflichtungen.

Obwohl das Jahr 2012 längst verstrichen ist, verhandeln die Staaten bis dato ergebnislos über Entwürfe für ein neues globales Abkommen, das unverändert in weiter Ferne liegt. Der künftige globale Klimaschutz wird wohl Kyoto treu bleiben: eher unambitionierte Ziele; wenig Pflichten für die Entwicklungsländer; zweifelhafte oder gar keine Sanktionen im Falle der Zielverfehlung; zu viele Schlupflöcher wie ein wohl weitgehend unveränderter Clean Development Mechanism (zu diesem im Abschnitt 7); zu wenig Geld für die Entwicklungsländer, um diesen beim Einschwenken auf einen »grünen« Pfad der wirtschaftlichen Entwicklung und Armutsbekämpfung zu helfen.[3] Aktuell sprechen zwar einige Anzeichen dafür, dass es Ende 2015 in Paris bei einer Staatenkonferenz ein Abkommen geben wird, dieses dann aber erst ab 2020 gilt. Zudem soll der Inhalt im Wesentlichen darauf beruhen, dass die Staaten freiwillig bestimmte – auch ziemlich unambitionierte – Verpflichtungen zur Emissionsreduktion angeben können. Wiederum ist dies nach der Motivationsanalyse des Kapitels III wenig verblüffend, wobei es bekanntlich mitnichten nur um Faktoren wie wirtschaftliche Macht oder den Eigennutzen von Politikern ging, sondern etwa auch um Normalitätsvorstellungen und überkommende Werthaltungen, die für Politiker nicht weniger gelten als für Bürger im Allgemeinen.

22. Warum die Energiewende und die klassischen Politikinstrumente bisher überwiegend scheitern

Die Wirkung des existierenden nationalen und transnationalen Klimaschutzes ist begrenzt, was angesichts der schieren Masse an Regelungen erklärungsbedürftig ist, auch wenn man die dargestellte menschliche Motivationslage (die ja auch die Politik erfasst) in Rechnung stellt.[4] Bisher arbeitet (auch) das Energie- und Klimaschutzrecht häufig mit inhaltlichen Vorgaben für einzelne Produkte, Anlagen oder Tätigkeiten, etwa für PKWs, Gebäude oder jedenfalls einzelne Lebensbereiche, die festgesetzt und eventuell im Falle ihrer Nichteinhaltung sanktioniert werden. Der Klimawandel handelt letzten Endes jedoch von einer Mengenproblematik. Gemeint ist damit: In aller Regel ist bei Umweltproblemen, auch bei der Belastung durch Schadstoffe, Strahlen oder Lärm, weniger die einzelne Exposition als vielmehr die Gesamtmenge an Expositionen oder eine bestimmte Gesamtentnahme an Ressourcen relevant. Dies führt, wie jetzt zu zeigen ist, zu einigen grundlegenden Steuerungsproblemen bei an einzelnen Produkten, einzelnen Anlagen oder auch an einzelnen Sachbereichen oder begrenzten geografischen Räumen orientierten Regelungen – und damit fast aller gängigen Ansätze:

• Ein ernstzunehmender Politikansatz muss in puncto inhaltlicher Strenge dem verfolgten Ziel adäquat sein (»Zielstrenge«). Salopp gesprochen: Wer in einem halben Jahr 20 Kilo abnehmen will, wird das wohl nicht erreichen, wenn er seine tägliche Kalorienaufnahme nur um beispielsweise 2 % reduziert. Auf bis zu 95 % Treibhausgasreduktion bis 2050 – auch wenn man einen Fortgang der bisherigen Maßnahmen unterstellt – sind die deutschen und europäischen Maßnahmen aktuell gar nicht ausgerichtet, womit sie zwangsläufig ihr Ziel verfehlen werden.

Exemplarisch zeigt sich dies in der Klimapolitik daran, dass wesentliche Bereiche kaum reguliert sind, etwa Ernährung, Gebäudewärme aus Altbauten oder Verkehr – weder hinsichtlich des Einsatzes erneuerbarer Energien noch in puncto Energieeffizienz oder gar Suffizienz. Der Schwerpunkt des bisherigen Rechts liegt darauf, die erneuerbaren Energien in den Strommarkt zu bringen. Das ist auch gar nicht so schlecht gelungen. Die anderen Bereiche jenseits des Stroms sowie insgesamt die Steigerung von Effizienz und Suffizienz werden jedoch stiefmütterlich behandelt.

- Ein ernstzunehmender Politikansatz muss auch einen wirksamen Vollzug aufweisen. Auch diesbezüglich verraten die Ergebnisse des bisherigen Klimaschutzes potenziell Probleme. Nicht alle gesetzlichen Vorgaben werden in der Praxis auch eingehalten. Wärmedämmungsvorgaben für Neubauten – dort gibt es, anders als für Altbauten (außer eingeschränkt bei weitreichenden Sanierungen), immerhin Vorgaben – werden etwa von Bauherren und Bauausführenden oft nicht konsequent umgesetzt, und keine Behörde schreitet ein (das Wechselspiel unterschiedlicher Akteure ist aus den Abschnitten 16 bis 20 bereits bekannt).

- Durch Regelungen, die auf Teilbereiche oder Einzelaspekte des Klimaschutzes bezogen sind, besteht die Gefahr von sektoralen, ressourcenbezogenen und räumlichen Verlagerungseffekten: Emissionen werden als Folge politischer Maßnahmen von den angegangenen Unternehmen und Bürgern in andere Lebensbereiche oder an andere Orte verlagert oder andere Ressourcen umso intensiver genutzt. Im Falle der Umstellung von fossilen Brennstoffen auf Bioenergie etwa entsteht eine erhöhte Belastung von Böden, Gewässern und Natur im Allgemeinen. Und neue Energietechnologien wie die Elektromobilität können einen massiven Verbrauch an seltenen Metallen und riesige Abfallmengen erzeugen,[5] sofern nicht einfach die Autoanzahl begrenzt bleibt (Suffizienz). Generell werden Energie-kostenersparnisse leicht in Emissionsverlagerungen verwandelt: Wer in einem aufgrund gesetzlicher Vorgaben gut wärmegedämmten Neubau wohnt, setzt seine ersparten Heizkosten vielleicht in einen zusätzlichen Urlaubsflug um. Wenn es einen EU-Emissionshandel für die Stahlindustrie gibt, der durch die Begrenzung zulässiger Emissionen preistreibend wirkt, gehen einige Stahlunternehmen vielleicht nach China, und wir kaufen unsere Konsumgüter künftig als Importgüter von dort. Die Emissionen sind dann nicht verschwunden, sie sind lediglich verlagert worden.

• Ein häufig mit den Verlagerungseffekten vermischtes Problem sind Rebound-Effekte. Rebound bedeutet »Rückprall« oder »Bumerang«. Das meint hier Folgendes: Durch klimaschutzrechtliche Vorgaben für einzelne Produkte, Häuser oder Autos können zwar einzelne Anlagen oder Produkte energetisch respektive klimaschutzbezogen optimiert werden. Gleichzeitig jedoch entstehen durch den steigenden Wohlstand immer mehr Anlagen oder Produkte mit Treibhausgasemissionen. Im Ergebnis kompensiert dieser Zuwachs teilweise oder ganz das, was bei einer konkreten Anlage oder Dienstleistung durch Effizienzgewinne erreicht worden ist. Ebenfalls ein Rebound-Effekt liegt vor, wenn der Mehrverbrauch explizit aufgrund der ergriffenen ökologischen Maßnahme bezogen auf die Anlage oder Dienstleistung selbst auftritt, etwa dann, wenn wegen eines besseren Gewissens in einem Niedrigenergiehaus die Raumtemperatur erhöht und in einem sparsameren Auto die Fahrleistung gesteigert wird. Ein Ausfluss des Rebound-Effekts im weiteren Begriffssinn ist auch das Phänomen, dass Öko-Produkte manchmal andere Produkte nicht ersetzen, sondern schlicht zusätzlich zu diesen genutzt werden, etwa der neue und der alte Kühlschrank.

23. Emissionshandel, Abgaben und der politisch eingerahmte Markt: Wie Klimaschutz und globale Klimaverhandlungen vorankommen können

Wie kann man auf diese Probleme antworten, unterstellt, es wäre früher oder später der gute Wille zu einer Änderung vorhanden? Salopp und ganz einfach gesagt: Indem man die – knappen und klimaschädlichen – fossilen Brennstoffe flächendeckend durch alle Lebensbereiche schrittweise verteuert. Anspruchsvoller formuliert: Der Ausgangspunkt einer Antwort auf jene Steuerungsprobleme ist eine sachlich und räumlich breit ansetzende absolute Mengenbegrenzung der fossilen Brennstoffe durch einen Emissionshandel oder mittelbar auch Abgaben,[6] wobei die Emissionsbegrenzungsziele anspruchsvoll und gut vollziehbar sein müssen. Konkret bietet sich eine Reform des EU-Emissionshandels an. Der bisherige ETS hat nur schwache Reduktionsziele und erfasst über die Hälfte der Emissionen gar nicht, etwa im Wärme-, Verkehrs- und Ernährungssektor, und er hat einige Schlupflöcher wie den Clean Development Mechanism (Abschnitt 7). Der CDM erlaubt es bekanntlich, Verpflichtungen zur Emissionseinsparung durch oft zweifelhafte Projekte in Entwicklungsländern zu erfüllen. Auch dass die Zertifikate bisher meist verschenkt statt versteigert wurden, hat nicht dazu beigetragen, die Atmosphäre als knappes und zu schützendes Gut wahrzunehmen – die Belastung der Atmosphäre war damit vielmehr kostenlos möglich. Damit trägt der bisherige europäische Emissionshandel nur begrenzt zum Klimaschutz bei. Verlagerungseffekte ins außereuropäische Ausland werden zudem bisher vom ETS als Emissionseinsparungen gezählt, obwohl dem Globalklima aus einer bloßen Emissionsverlagerung keinerlei Vorteil erwächst.

Für einen besseren ETS müssten alle Bereiche abgedeckt werden, in denen fossile Brennstoffe eingesetzt werden. Das würde relativ einfach gehen, wenn man den Emissionshandel statt direkt auf Emissionen auf die fossilen Brennstoffe bezieht – oder ihn zumindest für einige neue Bereiche darauf bezöge: Bereiche wie Wärme, Dünger oder Verkehr. Das System bräuchte nicht mehr wie bisher viele tausend Industriebetriebe zu überwachen, sondern eine vergleichsweise kleine Anzahl von Unternehmen, die Primärenergie (also nicht Strom, sondern die Energieträger) in den Markt bringen. Es kommen nur so viele Brennstoffe und damit Emissionen in den Markt, wie das System zulässt. Die Primärenergieunternehmen würden diese Knappheit dann als Preis an alle Energiekonsumenten weiterreichen, also an alle Unternehmen und Bürger. Die Zertifikatmenge müsste bei alledem so gewählt werden, dass tatsächlich anspruchsvolle Treibhaugasreduktionsziele erreicht werden, die den in Abschnitt 7 dargestellten Herausforderungen – bis zu 95 % Emissionsreduktion bis 2050 – adäquat sind. Wenn man die Reduktionsschritte genauer festlegt, schafft man zudem Planungssicherheit: Die Bürger können dann abschätzen, welches Auto oder Haus sich angesichts steigender Energiepreise noch lohnt.

All das würde über das Medium des Preisdrucks gesamtgesellschaftlich den nötigen Wandel auslösen. Denn damit entstünde ein massiver Anreiz zugunsten von (treibhausgasfreien) erneuerbaren Energien, Energieeffizienz – und auch Verhaltensänderungen, sofern jene technische Maßnahmen allein nicht reichen, um die durch das System vorgegebene Emissionsreduktion zu erzielen. Und es entstehen jene ökonomischen Vorteile, die in Abschnitt 6 einem wirksamen Klimaschutz attestiert wurden: Beispielsweise werden die Schäden des Klimawandels vermieden und Arbeitsplätze in neuen innovativen Branchen[7] geschaffen. Versteigert man die Zertifikate, wird der Effekt noch etwas markanter. Und all dies wird in einer Weise erreicht, die die in Kapitel III diagnostizierte Motivationslage der Menschen berücksichtigt – und die im Abschnitt 22 aufgezeigten Steuerungsprobleme vermeidet:

- Das System appelliert zunächst an den Eigennutzen der Bürger und Unternehmen, indem es einen Preisanreiz setzt.

- Es beseitigt zudem das Kollektivgutproblem, indem alle zum Handeln gedrängt werden, nicht nur einzelne.

- Es werden auch neue Normalitätsvorstellungen auf den Weg gebracht – das Bild vom freien Naturverbrauch wird schrittweise einem sorgsameren Umgang mit knappen Umweltressourcen weichen.

- Durch anspruchsvolle Vorgaben und die Ausweitung des ETS auf sämtliche Emissionsbereiche wird das Problem mangelnder Zielstrenge in der Klimapolitik gelöst.

- Da das System administrativ vergleichsweise einfach ist, wird verhindert, dass der Klimaschutz aufgrund von Vollzugsproblemen im Dickicht von Behörden steckenbleibt.

- Rebound-Effekte werden dadurch vermieden, dass über alle Sachbereiche wie Ernährung, Verkehr, Strom usw. hinweg absolute Mengenbegrenzungen gezogen werden mit einem ETS.

- Verlagerungseffekte im Sinne eines Ausweichens vor Klimapolitikmaßnahmen in einzelnen Lebensbereichen gibt es dann ebenfalls nicht mehr: Es sind ja alle Bereiche erfasst. Dass ein Produkt weniger Energie verbraucht, dafür aber umso mehr Energie bei der Herstellung benötigt (wie bei den gegenwärtigen Elektroautos), wäre damit ausgeschlossen. Zugleich würden durch die Erfassung jener Herstellungsenergie haltbare Produkte prämiert – was zugleich andere Ressourcen durch eine Abkehr von der Wegwerfgesellschaft entlastet. Ebenso wäre die gesamte EU erfasst und damit ein räumlicher Verlagerungseffekt ausgeschlossen. Eine andere Frage sind Verlagerungen nach außerhalb der EU, doch auch hier gibt es eine gute Antwort (Abschnitt 25).

Die EU könnte zudem außereuropäische Staaten zur Beteiligung an dem System einladen. Für die Entwicklungsländer könnte das dann attraktiv sein, wenn man ihnen die Versteigerungseinnahmen des Systems überlässt. Sie würden dann zwar längerfristige (nicht aber momentane) Emissionsbegrenzungen akzeptieren, umgekehrt aber das Geld erhalten, um Armutsbekämpfung zu betreiben und sich ökonomisch zu entwickeln – und zwar eben in ökologischen Leitplanken. Schrittweise könnte das System sich weltweit ausdehnen, besonders dann, wenn ein Fernbleiben unattraktiv wird (dazu näher Abschnitt 25). Immerhin hat sich die Weltgemeinschaft in der Klimarahmenkonvention 1992 ausdrücklich auf die Abwendung »gefährlicher anthropogener Veränderungen« des Weltklimas geeinigt.

Eine gelingende Energie- und Klimawende ist ökologisch und ökonomisch nach allen seriösen Erkenntnissen ratsam, und sie ist ethisch und rechtlich geboten, wie wir ab Abschnitt 29 sehen werden. Deswegen kann man alternativ zu einem EU-Vorpreschen auch direkt einen besseren globalen Klimaschutz vorschlagen; dies trägt dann jedoch stärker visionäre Züge. Nehmen wir einmal an, dass jeder Mensch ein gleiches Recht auf Nutzung der Atmosphäre und auf gleichen Zugang zu Energie hat und die Gesamtemissionen deshalb im notwendigen Umfang schrittweise drastisch reduziert werden müssen. Zudem ist das globale Armutsproblem im Blick zu behalten, denn Klimaschutz mit den Entwicklungsländern wird nur möglich sein, wenn dies ein Voranschreiten bei der Armutsbekämpfung nicht ausschließt – abgesehen davon, dass dies auch einfach eines der drängendsten Themen überhaupt sein dürfte. Das führt zu bestimmten Grundideen für ein neues globales Klimaschutzabkommen, auch wenn – siehe Abschnitt 21 – die aktuellen Verhandlungen wenig optimistisch stimmen. Diese Grundideen werden – nicht allerdings seine Konkretisierung, seine oben erfolgte psychologische Einbettung und seine später folgende moralische Begründung – nicht etwa nur von mir, sondern von einer Reihe von Kritikern der globalen Klimapolitik vertreten.[8] Das Ganze könnte in etwa so funktionieren:

Um einen katastrophalen Klimawandel zu verhindern,[9] müssen die Klimagasausstöße global strikt begrenzt und dann auf alle Staaten anhand ihrer Bevölkerungszahl aufgeteilt werden. Jeder Mensch zählt dabei gleich viel. Vielleicht 1,5 Tonnen Treibhausgasemissionen mal Einwohnerzahl – das wäre 2050 der zulässige Ausstoß in einem Staat. Beginnen würde man jetzt mit dem globalen Durchschnitt: 6 Tonnen pro Mensch. Das zulässige Maß müsste dann in vielen kleinen Schritten jährlich absinken. Wenn dann etwa westliche Länder mehr Treibhausgase ausstoßen wollten, müssten sie südlichen Ländern, die heute deutlich unter 6 Tonnen liegen, überschüssige Emissionsrechte abkaufen. Diesen Staaten-Emissionshandel gibt es schon heute im Kyoto-Protokoll, aber mit zu laschen Zielen im Westen und gar keinen Zielen im globalen Süden. Die Entwicklungsländer erhielten übergangsweise mehr als 6 Tonnen pro Kopf und die westlichen Industriestaaten entsprechend weniger, um die historische Verursachung des Klimawandels teilweise auszugleichen – zugleich eine Stellschraube für mögliche politische Kompromisse. So könnten die Entwicklungsländer noch mehr verkaufen und verdienen. Das würde Entwicklung ermöglichen, Klimaschutz und Klimawandelfolgen finanzieren – und trotzdem langfristig die Klimagase begrenzen. So würde neben dem Klimaschutz auch das zweite globale Megaproblem angegangen: nicht die Finanzkrise – sondern die Armut. Eine globale Institution – etwa das bereits bestehende UN-Klimasekretariat in Bonn – müsste das Recht erhalten, die Emissionsreduktionen zu überwachen und notfalls mit einschneidenden Sanktionen durchzusetzen.

Die nach dem Staaten-Emissionshandel pro Staat oder pro Kontinentalzusammenschluss (EU) vorhandene jährliche, immer weiter sinkende Menge an Emissionsrechten müsste dann mittels des schon dargestellten innerstaatlichen oder innereuropäischen Emissionshandels unter den Kohle-, Gas- und Öl-Unternehmen durch eine Auktion weiterverteilt werden. Jeder Importeur oder Verkäufer von fossilen Brennstoffen dürfte also die sich aus diesen Brennstoffen ergebenden Treibhausgasausstöße nur noch ermöglichen, wenn er Emissionsrechte besitzt. Anders als der bisherige EU-Emissionshandel, der nur für einige Industriesektoren und mit laschen Zielen gilt, würden damit nahezu sämtliche Klimagasausstöße erfasst. Denn über die Primärenergie bildet man Produktion und Konsum quasi insgesamt ab. Die Primärenergieunternehmen würden ihre Ersteigerungskosten für die Emissionsrechte gleichmäßig über Produkte, Strom, Wärme und Treibstoff an die Endverbraucher weitergeben; umgekehrt würde man die Versteigerungseinnahmen nutzen, um in den beteiligten Entwicklungsländern die Energie- und Klimawende zu fördern (zu den sozialen Verteilungsfragen in Europa siehe Abschnitt 34 und weltweit Abschnitt 35).

Was würde das genau bewirken? Je nachdem, ob man weltweit oder (weit realistischer) in der EU ansetzt: Der Treibhausgasausstoß respektive der Einsatz fossiler Brennstoffe würde im erfassten geografischen Raum strikt begrenzt – und das, was an fossilen Brennstoffen (jährlich schrumpfend) weiterhin genutzt werden darf, wird sukzessive teurer. Die verschiedenen langfristigen und oft sogar kurzfristigen ökonomischen Vorteile einer wirksamen Klimapolitik (dazu oben Abschnitt 1) würden eintreten. Zugleich hätte bereits dies auch auf andere Ressourcen (Bodenfruchtbarkeit, Wasser, Biodiversität) oft positive Wirkungen, besonders, wenn man neben den fossilen Brennstoffen auch die Landnutzung parallel verteuern würde (dazu Abschnitt 25). Unabhängig davon könnte ein solcher Ansatz auch explizit für weitere Ressourcen genutzt werden. Verlagerungseffekte innerhalb der EU gäbe es theoretisch keine mehr, denn es wäre im Wesentlichen jegliche Art von Emissionen erfasst. Auch Rebound-

Effekte gäbe es wegen der absoluten und alle Sachbereiche umfassenden Klimagasbegrenzung keine mehr. Eine Reihe anderer energie- und klimapolitischer Instrumente wie Stromsteuer und Mineralölsteuer, Steuerbefreiungen oder Wärmegesetze könnten im Gegenzug abgeschafft werden. Das wäre auch ein Gewinn an Demokratie: Politik wäre damit zumindest etwas weniger kompliziert und weniger eine reine Expertenangelegenheit, wie sie dies im 21. Jahrhundert leider immer öfter ist. Wie man bei einem eventuellen Vorpreschen der EU verhindern könnte, dass sich Emissionen nach außerhalb der EU verlagern, wird in Abschnitt 25 betrachtet.

Macht man das Ganze unter Beteiligung sämtlicher oder zumindest vieler Entwicklungsländer, fördert man nicht nur Energieeffizienz, erneuerbare Energien und eine langfristig sichere Energieversorgung in Nord und Süd, sondern stellt auch sicher, dass im Süden von vornherein ein nachhaltigerer Entwicklungspfad beschritten wird als im Norden im 20. Jahrhundert. Denn fossile Energie wird immer teurer, indem die Auktionskosten der Staaten und der Unternehmen über die Energiepreise auf die Endverbraucher umgelegt werden (und Energie steckt überall drin). Zugleich wäre der jährliche Ausstoß an Treibhausgasen damit strikt begrenzt und würde immer weiter sinken. Westliche Länder würden nur teilweise Emissionsrechte aus dem globalen Süden zur Deckung ihrer aktuell noch hohen Emissionen kaufen; sie würden durch die sinkende Gesamtmenge an Emissionsrechten nach und nach stärker auf Energieeffizienz, Suffizienz und erneuerbare Energien setzen. Nach und nach, parallel zu ihrer Wirtschaftsentwicklung und parallel zu den jährlich sinkenden Mengen an Treibhausgaszertifikaten, würden die Entwicklungsländer nachziehen. So würde auch der drohende globale Wettstreit beendet und dem Problem entgegengewirkt, dass aus Angst vor wirtschaftlichen Nachteilen niemand einen Schritt voran macht in der Klimapolitik. Dafür zahlen die Industrieländer letztlich über die Zertifikatkäufe.

Sie haben damit aber auch den Vorteil, dass es mittelfristig kein Dumping, etwa bei den Sozialstandards, zu ihren Lasten mehr geben wird. Denn der Finanztransfer in den globalen Süden würde dort Wirtschaftsentwicklung und Armutsbekämpfung stimulieren (und zwar in klimafreundlicher Weise). Damit würden Löhne, Arbeitsbedingungen und Sozialversicherungssysteme im Süden angeschoben, und es würde der seit längerem spürbare Kostensenkungsdruck vom westlichen Sozialstaat genommen. Zugleich entstünde Planungssicherheit anstelle des üblichen Feilschens um Ausnahmen und Schlupflöcher wie den CDM.

Meiner Meinung nach ist das Ganze auch global organisierbar – vorausgesetzt, das bereits jetzt existierende UN-Klimasekretariat wird zu einer schlagkräftigen Weltklimabehörde mit echten und praktikablen Überwachungs- und Sanktionsbefugnissen weiterentwickelt, ähnlich mächtig wie heute etwa die Organe der WTO, der Welthandelsorganisation, die Staaten auch gegen ihren Willen verpflichten und mit Sanktionen belegen können. Oder wäre das Ganze in den ökonomischen Auswirkungen schlicht unüberschaubar? Nun: Weil in der Tat die genauen ökonomischen Folgen großer Schritte selbst vom besten Klimaökonomen nicht exakt prognostiziert werden (und werden können), sollte man mit vergleichsweise moderaten Reduktionszielen beginnen, die dann allerdings jährlich absinken, also strenger werden. Und die Kosten eines Klimawandels oder gar von Klimakriegen würden die Verteilungswirkungen eines globalen Klimaschutzkonzepts dagegen bei weitem in den Schatten stellen. Und dass moralisch eine Gleichverteilung von Emissionsrechten kein Luxus ist, den wir uns auch schenken können, wird noch näher zu zeigen sein.

Es gibt allerdings Vorbehalte gegen den bisherigen Emissionshandel als angeblich bloßen »Ablasshandel«,[10] weil man sich quasi durch Einkauf zusätzlicher Zertifikate von Emissionsreduktionspflichten freikaufen könne. Jedenfalls für den vorliegend vorgeschlagenen ETS geht eine solche Kritik ins Leere, weil der ETS, wenn er ein strenges Cap und zudem noch einen breiten Anwendungsbereich für die gesamte Primärenergie vorgibt, dieses Cap und die darin liegende Umweltentlastung doch auch erreicht, so dass von Freikaufen keine Rede sein kann.[11] Soll die Kritik am ETS lediglich besagen, dass dieser nicht allein die Lösung sein kann, so trifft dies teilweise zu. Preisimpulse bedürfen wirklich ergänzender, flankierender Regelungen. In diesem wesentlichen Punkt, ebenso wie bei der fehlenden Berücksichtigung historischer Emissionen und der Suffizienzthematik, greift der klima-ökonomische Diskurs zu kurz. Besonders sichtbar ist dies im Wohnbereich, wo ergänzende ordnungsrechtliche Festsetzungen, also Ge- und Verbote, insbesondere das Entstehen problematischer Pfadabhängigkeiten vermeiden helfen. Ein Verbot neuer Kohlekraftwerke beispielsweise könnte Pfadabhängigkeiten beseitigen, und strengere Effizienzgebote für Gebäude haben die gleiche Wirkung (denn sonst gilt »wenn die schlecht gedämmten Wohnungen und die Kohlekraftwerke einmal da sind, sollen sie auch genutzt werden und sich auch rentieren«). Weitere Flankierungen betrachten wir in den folgenden Abschnitten.

Zutreffend bleibt unabhängig von alledem, dass sich wirksame Steuerungsansätze zwar formulieren lassen, dass die Motivationslage aber deutliche Zweifel weckt, ob das Wechselspiel zwischen anderen Normalitätsvorstellungen usw. in der Gesellschaft und einer besseren Politik rechtzeitig in Gang kommt. Das ist fatal. Denn je länger man mit einer Reform wartet, desto mehr steigen die ökologischen und ökonomischen Kosten des Zögerns. Das ist auch der zentrale Grund, warum ich solche Vorschläge auch dann, wenn sie nicht sofort umgesetzt werden, für wichtiger halte, als sich weitgehend im öffentlichen Streit über Details aktueller, eher in die falsche Richtung weisender Politikansätze aufzureiben. Wie beispielsweise der minimalen Forderung, den aktuellen schwachen ETS zumindest dadurch minimal zu verbessern, dass man kurzfristig einige Zertifikate vom Markt nimmt. Das schließt nicht aus, dass sich meine Forschungsstelle intensiv auch an solchen Detaildebatten beteiligt, die zentrale öffentliche Forderung muss aber dennoch grundlegender sein, und sie muss europäisch (und international) ausgerichtet sein. Auf eine mögliche nationale Perspektive kommen wir im Abschnitt 25 gleichwohl noch einmal kurz zurück.

Aber muss man nicht noch grundlegender ansetzen? Viele verbinden die übermäßige Inanspruchnahme der natürlichen Lebensgrundlagen mit dem modernen globalisierten Kapitalismus. Wenn damit gemeint ist, dass eine auf eigennützige Profiterzielung gerichtete Wirtschaftsordnung mitursächlich für das Klimaproblem ist, so ist das zwar zutreffend. Allerdings ist der moderne Kapitalismus auch ursächlich für den modernen Sozialstaat und die Überwindung der Massenarmut in Europa und Nordamerika (und wesentlichen Teilen Ostasiens). Wogegen der Staatssozialismus nur die Umweltschäden, nicht aber den allgemeinen Wohlstand mit dem Kapitalismus gemeinsam hat. Nun wurde in Abschnitt 13 bereits deutlich, dass eine ernsthafte Energie- und Klimawende das Ende der Wachstumsgesellschaft einläuten könnte, was zugleich das Ende des Kapitalismus in der heutigen Form wäre. Die Herausforderung wird sein, die teilweise weitreichenden Folgen konstruktiv zu gestalten. Sollte man aber nicht zumindest den globalen Freihandel abschaffen oder weitgehend einschränken, wie dies mancher globalisierungskritische Fragesteller am Rande meiner Vorträge und sicher auch mancher in der globalisierungskritischen Bewegung wünscht? Dann gingen die Vorteile der internationalen Arbeitsteilung verloren. Besser erscheint eine ökologisch-soziale Rahmung des freien Marktes, wie sie das oben vorgeschlagene globale Energie- und Klimakonzept in einigen wichtigen Hinsichten vorsieht.

24. Das Erneuerbare-Energien-Gesetz: Erfolgsgeschichte oder teuer und überflüssig?

Eine besondere Rolle im gesellschaftlichen Diskurs über die Energiewende spielt das Erneuerbare-Energien-Gesetz, kurz EEG. Dieses ist jetzt näher zu betrachten, einschließlich der Frage, wie sich das Gesetz zum eben breit porträtierten Emissionshandel verhält. Die Förderung von erneuerbarem Strom aus Sonne, Wind, Biomasse, Wasserkraft oder Geothermie durch das EEG, das beim Erlass seiner ursprünglichen Vorform 1990 noch Stromeinspeisungsgesetz hieß, ist weltweit zum Vorbild geworden. Nicht bei Wärme und Treibstoff, aber zumindest im Strommarkt sind in Deutschland jetzt rund ein Viertel Anteil erneuerbarer Energien zu verzeichnen. Das ist gelungen, weil das EEG ein einfaches System schafft. Es garantiert attraktive feste Vergütungssätze für Strom aus erneuerbaren Energiequellen und legt eine Abnahmepflicht des Stroms für die Stromnetzbetreiber fest. Damit kann in Windräder oder Solardächer risikofrei und gewinnträchtig investiert werden.

Viele setzen das EEG zusammen mit dem Atomausstieg geradezu mit der Energiewende gleich. Dass das EEG allenfalls eine Stromwende einläutet und selbst dies nur sehr begrenzt, weil es nicht die fossilen Energien gleichzeitig aus dem Markt nimmt (und die Instrumente, die dies tun sollten, wie der bisherige Emissionshandel, dies aufgrund ihrer schwachen Vorgaben ebenfalls nicht tun), wird selten bemerkt. Auch zur Energieeffizienz im Stromsektor trägt das EEG nicht viel bei, und die einschlägigen anderen Gesetze wie etwa Effizienzvorgaben für Küchengeräte oder Autos entfalten insgesamt ebenfalls keine ausreichende Wirkung (siehe Abschnitt 21 und 22).

Unabhängig von der Frage des ökologischen Erfolgs wird dem EEG von Kritikern seit langem vorgehalten, es sei zu teuer: Denn die Kosten der Einspeisevergütung tragen durch eine Umlage die Stromverbraucher. Und zwar konkret fast nur die Privatverbraucher und Kleinunternehmerinnen, denn Großunternehmen sind von der Umlage weitgehend ausgenommen. Die darin aufscheinende soziale Verteilungsfrage der Energie- und Klimawende wird in Abschnitt 34 behandelt, doch zunächst: Ist das EEG nun teuer? Volkwirtschaftlich kann man das wohl verneinen, jedenfalls dann, wenn man die vermiedenen Klimaschäden einberechnet (siehe allgemein Abschnitt 6).

Viele Ökonomen meinen: Das EEG sei sehr wohl teuer und auch ökologisch wirkungslos.[12] Denn da der existierende Emissionshandel eine Begrenzung der Treibhausgasmengen unter Einschluss von Stromkraftwerken regle, würden vom EEG erbrachte Emissionsreduktionen die Anzahl der benötigten Zertifikate bei den fossilen Stromunternehmen verringern, wenn diese wegen des EEG weniger fossilen Strom produzieren. Und diese könnten dann einfach von anderen am Emissionshandel beteiligten Unternehmen gekauft werden – damit leistet das EEG keinerlei über den ETS hinausgehende Emissionsreduktionen. Ergo sei das EEG zugleich ökonomisch kontraproduktiv, da die Emissionsreduktionen über den ETS billiger seien als der Weg über Einspeisevergütungen. Doch daran stimmt zunächst mal der ökologische Aspekt nicht, was die schon mehrfach angesprochenen Verengungen des wirtschaftswissenschaftlichen Diskurses weiter veranschaulicht. Denn der ETS allein würde auch bei Umsetzung der in Abschnitt 23 vorgeschlagenen Reform vor dem Problem stehen, dass er technologische Innovationen nicht hinreichend anregt, da er eher unmittelbar gemäß dem jeweiligen Preisniveau naheliegende, nicht aber unbedingt sehr innovative technische Lösungen prämiert. Das EEG ist ökologisch also ein sinnvolles Ergänzungsinstrument zum ETS. Dafür sollte man gewisse Mehrkosten wohl in Kauf nehmen. Diese Überlegung spricht nicht prinzipiell dagegen, die verschiedenen Fördersysteme für Erneuerbare-Energien-Strom in der EU, die momentan einen ziemlichen Patchwork-Eindruck hinterlassen, künftig besser aufeinander abzustimmen. Das würde dann beispielsweise eine künftige koordinierte Stromversorgung allein auf der Basis erneuerbarer Energien erleichtern.

Der deutsche Gesetzgeber, unterstützt und angetrieben von der EU-Kommission, hat 2014 leider einen anderen Weg eingeschlagen. Er setzt kurz gesagt darauf, das Einspeisevergütungssystem in mehreren Schritten abzuschaffen. Stattdessen sollen künftig bestimmte Mengen von Strom aus erneuerbaren Energiequellen vom Staat sozusagen bestellt werden – genauer gesagt: ausgeschrieben werden, wobei der billigste Bieter den Zuschlag erhält. Anders als Einspeisevergütungsmodelle haben Ausschreibungsmodelle in anderen Ländern bisher jedoch meist nicht funktioniert. Außerdem sind sie nicht zwangsläufig billiger als Einspeisevergütungen, trotz des wettbewerblichen und damit potenziell kostendrückenden Elements: Denn die Bieter in den Ausschreibungen tragen ein höheres Refinanzierungsrisiko als bei festen Vergütungen, was sich in entsprechende Risikozuschläge übersetzt. Deutschland und die EU marschieren so energie- und klimapolitisch in die falsche Richtung.

25. Das Verhältnis zu einer globalisierten Wirtschaft: Könnten Deutschland und die EU die weltweiten Vorreiter geben?

Im Abschnitt 23 sind Vorschläge für eine bessere europäische Energie- und Klimagesetzgebung entwickelt worden. Doch wie geht man mit den folgenden drei Problemen um: (1) Der Klimawandel als globales Problem ist nicht allein in Deutschland oder Europa zu lösen, und dennoch ist aktuell stark anzunehmen, dass in nächster Zeit keine Vorschläge der eben gemachten Art konsequent international umgesetzt werden. (2) Selbst eine Umsetzung in der EU droht zu Emissionsverlagerungen nach außerhalb der EU zu führen, was die eigene Klimapolitik teilweise wirkungslos machen würde. (3) Das Ganze könnte zusätzlich die Wettbewerbsfähigkeit der europäischen Unternehmen gefährden. Speziell Letzteres erscheint manchmal – neben den sozialen Verteilungsfragen (Abschnitt 34) als Hauptargument gegen eine entschlossene Energie- und Klimawende. Ja, Deutschland ist zu wenig – aber auch die EU?

- Wir reden hinsichtlich möglicher Verlagerungseffekte und Wettbewerbsnachteile überwiegend über einen denkbaren künftigen Zustand, nicht über die aktuell gegebene Realität: Deutschland und die EU sind bisher entgegen ihrer Selbstwahrnehmung eher keine echten Klimavorreiter, wobei es allerdings schon jetzt Emissionsverlagerungen in begrenztem Umfang gibt (siehe Abschnitt 7).
- Und selbst rein deutsche Maßnahmen sind besser als nichts. Verlagerungseffekte drohen nicht in allen Lebensbereichen – beim morgendlichen Autoverkehr beispielsweise nicht, denn der kann sich schlecht von Berlin nach Peking verlagern, nur weil Benzin in Berlin plötzlich staatlich verteuert wurde. Und vielleicht können manche Verlagerungseffekte auch teilweise dadurch kompensiert werden, dass Deutschland als Vorbild andere Staaten mitzöge (wie beim EEG). Wenn Deutschland allein Kohlekraft verbieten würde, würden zumindest Pfadabhängigkeiten hierzulande vermieden, auch wenn dann vielleicht die von uns verschmähte Kohle von anderen genutzt werden würde. Es entstehen also zumindest keine neuen Kohlekraftwerke mehr, die uns dann wie ein Sachzwang langfristig auf einem Pfad mit hohen Emissionen halten.
- Die EU unterschätzt manchmal ihre Rolle als größter Markt der Welt: Es ist, mehr noch als bei einem deutschen Allein-

gang, gut denkbar, dass Vorbildeffekte aufgrund eines EU-Vorpreschens entstehen, die mögliche Verlagerungseffekte zumindest teilweise kompensieren. Ein Alleingang ist weder per se ökonomisch Harakiri, noch ist er per se ökologisch sinnlos. Die EU ist ein zentraler Akteur der Weltwirtschaft, und Deutschland spielt innerhalb der EU eine zentrale Rolle, was bei der Eurokrise gezeigt wird und auch mal bei der Energie- und Klimawende gezeigt werden könnte, statt sich in immer neuen Detaildiskussionen oder gar Rückschritten wie beim EEG 2014 zu verlieren.

- Einige Unternehmen, etwa die Erneuerbare-Energien-Branche, die mit der Wärmedämmung befassten Handwerksberufe und andere mehr hätten handfeste ökonomische Vorteile durch ein europäisches Vorangehen und von vornherein keine Wettbewerbsnachteile.

- Europa könnte aber die Probleme Verlagerungseffekte, globale Handlungsnotwendigkeit und Wettbewerbsfähigkeit auch durch eine zusätzliche Maßnahme lösen und so auch allein beim Klimaschutz vorpreschen, wie in Abschnitt 23 als eine Variante beschrieben. Ich meine hier nicht den bisher von der EU beschrittenen Weg: schwache Reduktionsziele, kostenlose statt versteigerte Emissionszertifikate, Erleichterungen für die Industrie etwa bei der deutschen Ökosteuer (die zwar das Wettbewerbsfähigkeitsproblem lösen, dafür aber den klimapolitisch wünschenswerten Preisdruck auf die fossilen Brennstoffe untergraben). Die hier nötige zusätzliche Maßnahme wären Border Adjustments (Grenzausgleichsmaßnahmen) oder salopp Ökozölle an den EU-Grenzen für Im- und Exporte. Was würde das bedeuten?[13]

Würden bei Border Adjustments Produkte aus Ländern mit einer weniger »kostenintensiven« Klimapolitik nach Europa eingeführt, würden die Produkte also an der Grenze mit den Kosten belastet werden, die bei der Produktion mangels kostentreibender klimapolitischer Vorgaben im Heimatland eingespart wurden. Exportiert umgekehrt Europa Produkte, so würden die heimischen Unternehmen bei der Ausfuhr die in Europa gezahlten höheren klimapolitikbedingten Kosten zurückerhalten. Dabei könnten sogar die Erlöse aus den Ökozöllen den Entwicklungsländern zugewandt werden, wenn man die Mittelverwendung in dem völkerrechtlichen Vertrag, der dem Emissionshandel zugrunde liegen müsste, mit einer Zweckbindung versieht, beispielsweise im Sinne einer Verwendung für Klimaschutzmaßnahmen im globalen Süden. Übrigens müsste die EU ein solches System nicht allein schaffen. Klimaschutzwillige Länder in Südamerika und Afrika könnten sich an einem verbesserten EU-ETS (siehe Abschnitt 23) von Anfang an beteiligen.

Das Ganze wäre dann ein erster Schritt zu einem neuen globalen Ansatz gegen den Klimawandel, der den Armen im globalen Süden am meisten schaden wird. Ökozölle erlaubten der EU, Ländern wie China, Indien und den USA eine effektive und soziale (und wirtschaftlich prosperierende) Klimapolitik vorzumachen, ohne Verlagerungseffekte und Nachteile bei der Wettbewerbsfähigkeit. Nur so wird man die Bereitschaft zu einer globalen effektiven und sozialen Klimapolitik wecken. Ökozölle diskriminieren auch niemanden im globalen Freihandel und sind welthandelsrechtlich zulässig; denn sie sorgen gerade dafür, dass sich Klimaschutzverweigerer wie bisher die USA durch Ökodumping keinen unlauteren Vorteil im globalen Wettbewerb verschaffen. Ökozölle ersparen uns allerdings nicht das Überdenken unseres Lebensstils und unserer Wirtschaftsweise. Denn indem Ökozölle bestimmte eingangs dieses Abschnitts geschilderte Probleme von Klimapolitik vermeiden, machen sie eine wirksame Klimapolitik ja gerade möglich – man kann nun eine wirksame Klimapolitik nicht länger mit Argumenten wie denen ablehnen, sie sei wettbewerbsfeindlich oder bringe wegen Verlagerungseffekten gar nichts.

26. Landnutzung und die Integration der Politikbereiche: Klima-, Ressourcen-, Energie- und Welternährungsfragen

Zusätzlich zur Bepreisung der fossilen Brennstoffe sind Konzepte nötig, die die Landnutzung ebenfalls verteuern. Denn auch hier entstehen Emissionen. Das Öl der Düngerproduktion beispielsweise wäre von einem Primärenergie-Emissionshandel zwar automatisch erfasst, das Abfackeln von Regenwald dagegen nicht. Auch dass Landbearbeitung und speziell Viehhaltung schon unabhängig vom Dünger und von Transportfragen weitere Emissionen, speziell von Methan und Lachgas, auslöst, muss berücksichtigt werden. Klimapolitisch relevant ist besonders der Fleischkonsum auch wegen des Methanausstoßes der Tiere[14] sowie wegen der Abholzung von Regenwäldern[15] für die Futtermittelproduktion, die riesige Flächen braucht – eine tierische Kalorie entsteht aus einem Vielfachen, teilweise Dutzendfachen an pflanzlichen Kalorien.

Der sich anbietende Lösungsweg führt auch hier über eine Verteuerung der Landnutzung. Das hätte auch auf andere Ressourcen (Bodenfruchtbarkeit, Wasser, Biodiversität) positive Auswirkungen. Was dann sogar mehr bringen dürfte, als wenn sehr heterogene Schutzgüter wie Biodiversität mit einem eigenen Preissystem belegt würden, was die Komplexität der Artenvielfalt dann doch nicht abbilden und wegen Überkomplexität scheitern würde.[16] Das bisherige Kyoto-Protokoll und der bisherige EU-Emissionshandel erfassen die Entwaldung im Regenwald schon deshalb nicht, weil die Entwicklungsländer keinen Reduktionspflichten unterliegen. Und auch für Industrieländer kommt die Entwaldung nur »umgekehrt« vor – nämlich dahingehend, dass das Kyoto-Protokoll suggeriert, man könne Reduktionspflichten teilweise auch durch Neuanpflanzungen von Bäumen erfüllen, die dann das CO_2 binden. Was aber allenfalls als Hilfsmittel taugt, nicht als wesentliche Maßnahme, dafür sind wie erwähnt die Emissionsverringerungen durch Pflanzen zu gering.

Bis auf weiteres wird man die Landnutzung weniger durch eine Einbeziehung in den Emissionshandel als mehr über höhere Abgaben auf die Flächennutzung verteuern können. Denn für eine Einbeziehung in den ETS fehlt momentan noch die nötige ganz präzise – satellitengestützte – Beobachtbarkeit sämtlicher Flächenemissionen weltweit, auch wenn die Technik im Ansatz schon existiert.[17] Nebenbei bemerkt: Eine weltweite Landwirtschaft ohne Öl führt nicht zu gigantischen Hungersnöten, auch wenn ohne Kunstdünger Ernteeinbrüche denkbar sind. Es genügen Flächenertragssteigerungen, ein deutlich reduzierter Fleischkonsum und ein weitgehender Verzicht auf den Anbau von Bioenergiepflanzen. Auch das International Assessment on Agricultural Knowledge, Science and Technology for Development – das globale Parallelgremium zum IPCC im Bereich Landnutzung – hat das bestätigt und dabei dem ökologischen Landbau, der geringere Erträge, aber auch eine bessere Treibhausgasbilanz vorzuweisen hat, eine große Verbreitung eingeräumt.[18] Effizienzsteigerungen, andere Ernährungsgewohnheiten, Viehwirtschaft in Zukunft primär als Weidewirtschaft (dort nimmt sie keine Ackerfläche weg und erfordert keinen Futtermittelanbau) und effizienter Verbrauch der Lebensmittel (bei Nahrungsmittelverlusten von bis zu 50 % durch die gesamte Produktionskette) sind entscheidende Stichworte. All das wird durch höhere Preise auf die Landnutzung und damit auf ihre Produkte wie Nahrung gefördert. Das Prinzip ist das gleiche, das wir aus Abschnitt 23 von den fossilen Brennstoffen her kennen.

Wenn man die Landnutzung ebenfalls teurer macht, verhindert man wie gesagt Verlagerungseffekte: Es kann nicht einfach Bioenergie in gleicher Menge wie Kohle verwendet werden, wo sie doch ebenfalls Emissionen erzeugt – und zudem Naturräume, Gewässer und Böden durch den dünger- und pestizidgestützten Anbau von Energiepflanzen belasten kann. Dieser Grundgedanke stimmt nicht nur für die Landnutzung, er stimmt auch für metallische Ressourcen, die deshalb ebenfalls schrittweise teurer werden sollten. Sonst setzt man beispielsweise voll auf Elektromobilität, was jedoch selbst dann problematisch wäre, wenn der Fertigungsprozess der Strom-Autos eines Tages weniger Energie fressen würde (ein Anreiz dahin wird ja durch eine breite Energieverteuerung bereits gegeben): Denn bei der Elektromobilität werden seltene Metalle verbaut, deren Abbau zudem viel Natur zerstört.

Selbst wenn die Menschheit am heutigen Tage von der Erde verschwinden würde, würde die globale Erwärmung möglicherweise bis auf knapp zwei Grad über Ausgangsniveau weiter fortschreiten. Zunehmend wird politisch und wissenschaftlich deshalb anerkannt, dass selbst bei deutlich gesteigerten Klimaschutzanstrengungen ergänzend eine Strategie der Anpassung (Adaptation) nötig ist. Auch die Finanzierung dessen in den Entwicklungsländern erleichtert der Emissionshandel.

27. Die Rolle von Kommunen und Regionen – überschätzt und unterschätzt zugleich

Politische Akteure der Energie- und Klimawende sind auch die Regionen – in Deutschland also die Bundesländer – und die Kommunen. Landespolitisches und kommunales Handeln kann ein politisch-rechtliches Handeln auf höheren Politikebenen im Sinne der beschriebenen Optionen nicht adäquat ersetzen, weil das Bundesland und erst recht seine Kommunen für viele Bereiche keine rechtliche Zuständigkeit haben, da die zentralen Zuständigkeiten bei der EU und manchmal beim Bund liegen. Und weil Verlagerungseffekte auftreten werden, indem Emissionen in andere geografische Räume oder andere Lebensbereiche »umziehen«: Ein Unternehmen aus Bundesland A siedelt sich in Bundesland B an.

Dennoch ist auch die Landes- und Kommunalpolitik im Rahmen des oben beschriebenen Wechselspiels der Akteure wichtig. Landes- und Kommunalpolitik kann Anstöße liefern, neue Wege ausprobieren und wertvolle Ergänzungen liefern, etwa bei der Planung einer Stadt der kurzen Wege, zu der die oben beschriebene Preispolitik bei den fossilen Brennstoffen die Motivation liefern würde. Womit die planerischen Schritte auch dann sinnvoll bleiben, wenn in der EU wirklich die Bepreisung der fossilen Brennstoffe anlaufen und damit bereits einen starken Anreiz setzen würden, bessere Techniken zu nutzen und anders zu leben. Ob beispielsweise der vom ETS geschaffene Preisdruck beim Autofahren als Anreiz empfunden wird, Wohnen und Arbeiten näher zusammenzubringen, wird ergänzend auch durch die Siedlungs- und Verkehrsstrukturen beeinflusst. Die jedoch entstehen durch staatliche Planungen.

Kommunen könnten auch ihre (soweit noch vorhandenen) Stadtwerke für Strom und Wärme zu 100 % auf erneuerbare Energien umstellen, Modellprojekte in energetischer Gebäudesanierung anstoßen, ÖPNV sowie Fuß- und Radverkehr stadtplanerisch fördern und den motorisierten Individualverkehr durch Tempolimits, Parkraumbewirtschaftung und anderes mehr beschränken.[19] Das Essen in kommunalen Einrichtungen nachhaltiger und regionaler auszurichten und Bürger zur Gründung von Energiegenossenschaften zu ermutigen, sind weitere Aspekte. Eher noch mehr Möglichkeiten haben die Bundesländer.[20] Sie können eine Priorität für Schienen-, Bus-, Straßenbahn-, Rad- und Fußverkehr in der Verkehrspolitik vorsehen und Straßenbaumittel auf Erhaltung statt Neubau konzentrieren. Auch eine Stärkung von Car-Sharing sowie der Einsatz innovativer Verkehrsträger wie

Oberleitungsbusse gehören dazu. Sie können raumplanerisch die Voraussetzungen dafür schaffen, dass die Errichtung von Erneuerbare-Energien-Anlagen, etwa von Windrädern, nicht an Konflikten mit anderen Raumnutzungen scheitert – oder bewusst behindert wird (leider erlaubt das reformierte Baugesetzbuch seit 2014 beispielsweise, weite Teile der Fläche eines Bundeslandes durch Abstandsforderungen zur Wohnbebauung als mögliche Standorte für Windenergieanlagen auszuschließen). Möglich ist auch eine Konzentration der Landesfördermittelpolitik für Unternehmen, Ansiedlungen und Gebäude auf klimabezogen vorbildliche Aktivitäten. Wichtig ist ferner für Länder und Kommunen gleichermaßen die konsequente und unverzügliche Ausrichtung der Staatsunternehmen, der öffentlichen Vergabepolitik, der öffentlichen Gebäude und des öffentlichen Fuhrparks auf 100 % erneuerbare Energien sowie auf eine deutlich gesteigerte Energieeffizienz und damit auf eine Vorbildrolle. Die Praxis der meisten Kommunen, obwohl es immer wieder einzelne Ansätze gibt, bleibt dahinter weit zurück, wie wir als Institut beispielsweise für die drei Großstädte Leipzig, Dresden und Chemnitz kürzlich untersucht haben.[21]

Bleiben EU und Bundesrepublik untätig, können Bundesländer ein Landeswärmegesetz mit Sanierungspflichten im Altbau erlassen. Das würde dann zwar möglicherweise Verlagerungseffekte auslösen, könnte aber in puncto Energie- und Klimapolitik Vorbildwirkung und Anstoßwirkung für höhere Politikebenen entfalten. Denkbar ist auch die Schaffung eines Landesklimaschutzgesetzes, das minus 90 bis 95 % Klimagasemissionen bis 2050 und 100 % erneuerbare Energien im Strom-, Wärme- und Treibstoffsektor (gemessen am international üblichen Basisjahr 1990) verbindlich vorsieht. Aufgrund der begrenzten rechtlichen Zuständigkeiten der Bundesländer hätte das allerdings eine primär symbolische Wirkung.

28. Vorbilder, Partizipation und Umweltbildung: Brauchen wir den »neuen Menschen«?

Die stärkere Bepreisung von Brennstoffen und Landnutzung ist das zentrale Mittel auf dem Weg zu einer echten Energie- und Klimawende. Doch es gibt sinnvolle Ergänzungen – siehe den letzten Abschnitt – und weitere sind notwendig.

Hilfreich wären beispielsweise mehr echte Vorbilder seitens politischer und allgemein öffentlicher Persönlichkeiten in puncto Energie- und Klimawende (zur generellen Relevanz von Vorbildern schon Abschnitt 20). Womöglich wäre das ein Schritt, Normalitätsvorstellungen zu verschieben – und so die Bereitschaft für eine echte Klimawende zu erhöhen. Denn offenbar lernen Menschen oft weniger durch verbale Belehrung als mehr dadurch, dass jemand glaubwürdig etwas vormacht. Viele scheinbare Politiker-Vorbilder sind dabei allerdings eher mäßig geeignet, wenn man sie genauer anschaut. Friedensnobelpreisträger Al Gore beispielsweise mag viel zur Diskussion über den Klimawandel beigetragen haben durch seinen Film »Eine unbequeme Wahrheit«. Gleichzeitig ständig zu fliegen, in einem riesigen Haus zu wohnen, die Notwendigkeit klarer Verhaltensänderungen nicht anzusprechen und in seiner Zeit als US-Vizepräsident nicht gerade als Klimavorreiter hervorzutreten, wirkt dagegen weniger vorbildlich. Wo also ist der Politiker oder Showstar, der sagt: »Ich esse vegetarisch, fliege nicht in den Urlaub, fahre kein Auto, springe nicht im Winter im T-Shirt durch die überheizte Wohnung – und ich fühle mich dabei moralisch gut und bin vielleicht sogar viel glücklicher als viele andere«? Es gibt reihenweise Personen, die einzelne symbolische Handlungen vollziehen, doch zu einem breit angelegten nachhaltigen Lebensstil kommt es fast nie.

Ein anderes weiches Politikinstrument ist die Umweltbildung, die in einem (jedenfalls in weiten Teilen) staatlichen Bildungssystem ebenfalls zum Bereich der Staatsaufgaben

gehört. Immer mehr Stimmen fordern eine Art neue Klima-
erziehung und hoffen, dass so eine gesellschaftliche Grund-
stimmung pro Energie- und Klimawende entsteht. Ökonomen
wiederum machen sich über solche Ideen gern lustig, weil der
Mensch eben unheilbar eigennützig und kurzzeitorientiert
sei. Dieser Streit der Positionen »Der Mensch ist eigennützig,
das ist von Geburt an unveränderlich, und das führt gerade
zu guten Ergebnissen« versus »Der Mensch wird erst durch
die Gesellschaft eigennützig gemacht, wir brauchen daher
den neu erzogenen Menschen und den Bruch mit dem alten
Adam, alles ist sozial erworben« ist allerdings in dieser Zu-
spitzung wenig weiterführend. Letztlich wiederholt sich hier
in regelmäßigen Wellenbewegungen eine ursprünglich von
den Philosophen Thomas Hobbes und Jean-Jacques Rousseau
aufgebaute Grundkontroverse aus der Frühen Neuzeit. War
für viele in den antiautoritär-bildungsoptimistischen 1970er
Jahren Rousseau en vogue, ist es seit der politischen Wende
hin zu neo- oder vielmehr wirtschaftsliberalen Ideen eher der
Theoretiker des Eigennutzens Hobbes.

Legt man wie in Abschnitt 17 eine hinreichend differenzierte Sicht auf menschliches Verhalten zugrunde, erscheint
eine mittlere Linie plausibel. Politisch-rechtliche Vorgaben
wie höhere Brennstoffpreise, die letztlich auch an den Eigennutzen appellieren und den Rahmen für Normalitätsvorstellungen verändern, sind notwendig, da der rein altruistische
Mensch auch durch mehr Bildung nicht kommen wird. Umgekehrt sind Menschen aber durchaus lernfähig hinsichtlich
ihrer Überzeugungen, Eigennutzenkalküle und Normalitätsvorstellungen, und eine neue Politik ist ohne ein Wechselspiel mit einem gesellschaftlichen Lernen auch gar nicht
möglich (Abschnitt 20). Klassische pädagogische Konzepte
können beim Klimawandel allerdings an Grenzen stoßen.
Wie beispielsweise sollte man beim Klimawandel so vorgehen,
dass man Menschen über »sichtbare Erfolge« ihrer persönlichen Anstrengungen für etwas begeistert? Ein ganz persön-

lich durch mich »erfolgreich geschütztes« Stückchen Global-klima kann man sich wohl kaum vorstellen – anders als eine ganz persönlich durch mich geschützte Erdkröte.

Versteigt man sich dagegen zur Hoffnung auf einen ganz neuen, solidarisch-altruistischen Menschen, ist das nicht nur empirisch unrealistisch, sondern potenziell auch totalitär. Eine solche Hoffnung würde, konsequent zu Ende gedacht, in die Nähe stalinistischer und maoistischer Politikkonzepte führen, deren Freiheitsfeindlichkeit und gleichzeitig Erfolg-losigkeit hinlänglich bekannt sein dürfte: Wenn die Menschen keine »neuen Menschen« werden wollen, steckt man sie dann notfalls eben in Umerziehungslager, in Gulags.

Neben mehr Vorbildern und mehr Umweltbildung kann auch mehr Bürgerbeteiligung respektive Partizipation[22] die Energie- und Klimawende befördern, ob nun an Verwaltungs-entscheidungen oder etwa per Internetanhörungen zu Ge-setzgebungsverfahren. Kein Zweifel: Wir brauchen Diskurse über den Klimawandel, um die nötige Klimawende anzusto-ßen, zu begleiten und zu verarbeiten, und dazu gehört auch Beteiligung, letztlich auch verstärkt an globalen Entscheidun-gen. Bereits heute ist über Parteien, Verbände, Bürgerinitiati-ven, Medien, Internetforen und diverse zivilgesellschaftliche Aktivitäten eine intensive klimapolitische Partizipation mög-lich. Die EU-Kommission etwa diskutiert ihre Klimapolitik vorher breit, auch im Internet. Das Interesse daran ist jedoch leider meist gering. Insofern sollte der Faktor Partizipation nicht überschätzt werden.

Wenn bei Partizipation und Umweltbildung angesetzt wird, dann sollte dies allerdings problemangemessen erfolgen. Es ist noch keine Partizipation, sich etwa an ausschließlich sym-bolischen Aktionen wie jener zu beteiligen, einmal im Jahr fünf Minuten das Licht auszuschalten, um damit an den Klimawandel zu erinnern. Solche Praktiken vermitteln mög-licherweise persönliche Identität und ein Gruppengefühl unter den Beteiligten; zudem ist diese Art der Meinungskundgabe »kostenlos«, sie nötigt also nicht zur Beschäftigung mit dem eigenen Lebensstil. Eine solche Perspektive ist zwar sehr menschlich, sie bringt uns einer gelingenden Energie- und Klimawende jedoch nicht näher. Gewiss, ohne den Wunsch nach kleinen Vorteilen, Ruhe und Bequemlichkeit, nach Gruppengefühl und Zugehörigkeit zum Mainstream, und ohne das Verdrängen eigenen Fehlverhaltens wäre das Leben sicher oft ungemütlicher und unübersichtlicher. Leider ist das aber auch der Stoff, aus dem die Klimakatastrophe gemacht ist. Und übrigens auch viele Diktaturen. Hoffentlich nicht eines Tages auch die Ökodiktatur. Dass sie keine Lösung ist, betrachten wir in Abschnitt 32 noch etwas näher.

V
Nachhaltigkeit, Gerechtigkeit, Glück:
Perspektiven der Energiewende

29. Die Energie- und Klimawende als Teil der Nachhaltigkeitsdebatte

Das Energie- und Klimaproblem ist wegen seiner verheerenden ökonomischen, friedenspolitischen und existenziellen Bedrohungen ein Problem, für das sich Menschen schon aus purem Eigeninteresse, etwa an den wirtschaftlichen Vorteilen einer echten Energiewende oder an einer Vermeidung großer Katastrophen, interessieren müssten. Das Energie- und Klimaproblem ist auch eine handfeste ethische Aufgabe für Gesellschaften und ihre Individuen. Denn wir schädigen mit unserem augenblicklichen Verhalten nicht nur uns selbst, sondern auch andere Mitbürgerinnen und Mitbürger, künftige Generationen sowie Bewohner anderer Länder, die zum Klimawandel wenig beigetragen haben. Und die Konfliktlösung zwischen Menschen – also die Auflösung von Situationen, in denen offenkundig der eine Mensch das eine will (nämlich weiterleben wie bisher) und andere dies absehbar nicht wollen (weil sie dadurch erhebliche Nachteile erleiden) – ist das Thema der Moral respektive Ethik. Und natürlich auch des Rechts. Recht schreibt nicht nur politische Maßnahmen wie Glühbirnenverbote, die Erneuerbare-Energien-Förderung oder den Emissionshandel konkret und verbindlich fest. Recht fixiert auch die gesellschaftlichen Ziele und Werte sowie deren Abwägung untereinander. Anders als die Ethik tut das Recht dies relativ konkret und mit Sanktionen als Folge, wenn man rechtswidrig handelt. Jedenfalls geht es im Kapitel V um Ziele und Werte von Gesellschaften. Also darum, ob sich – jenseits unseres persönlichen Eigennutzens – etwas darüber aussagen lässt, wie Gesellschaften sein sollen. Ob uns beispielsweise künftige Generationen egal sein dürfen, ob ein primär wirtschaftlich ausgerichtetes Konzept von Freiheit überzeugend ist und ob die Demokratie im Zeichen der Energie- und Klimakrise die wünschenswerte und angemessene Staatsform bleibt.

Der bisherige industriestaatliche Zivilisationspfad kann nicht von allen Menschen weltweit und schon gar nicht von allen Generationen auf Dauer weiter so beschritten werden. Je länger wir diesen Weg fortsetzen und je mehr Menschen ihn imitieren, desto drastischer wird die Klima- und Ressourcenproblematik sich entwickeln. Es fehlt jenem Zivilisationspfad damit an Nachhaltigkeit – so der Oberbegriff für dauerhafte und globale Lebbarkeit, also für die Idee von (mehr) Generationen- und globaler Gerechtigkeit. Energie und Klima markieren ein besonders zentrales Nachhaltigkeitsthema. Nachhaltigkeit wird seit 20 Jahren international immer öfter als Kernziel von Politik benannt. Aber ist »Nachhaltigkeit« nicht einfach ein völlig inhaltsleeres grünes Mäntelchen, das sich heute jeder nach Belieben umhängt? Sicherlich gibt es viel Missbrauch, aber das Prinzip Nachhaltigkeit ist von größter Bedeutung. Die Berücksichtigung der Folgen unseres Handelns über unsere eigene Zeit und über unseren eigenen Ort hinaus ist ein zentrales Anliegen, für das man einen Begriff braucht.[1] Nachhaltigkeit in diesem Sinne meint die Erreichung eines dauerhaft durchhaltbaren und global praktizierbaren Lebensstils. Es sollen damit besonders das globale Armuts- und das Umweltproblem integriert angegangen werden. Die Armut im Süden soll nicht etwa zynisch als »gut für die Umwelt« hingenommen werden, aber auch das Armutsproblem soll nicht so gelöst werden, dass Afrika Europas Ölverbrauch imitiert und die Welt in den Energie- und Klimakollaps taumelt.

Dagegen meinen viele, besonders in Deutschland, mit Nachhaltigkeit etwas Banaleres. Nämlich einfach eine ausgewogene Verfolgung der drei Säulen Ökologie, Ökonomie und Soziales, notfalls auch ohne raum- oder zeitübergreifenden Bezug.[2] Salopp gesagt, zielt diese Sichtweise darauf ab, bei grundsätzlich unveränderter Fortführung des heutigen Wirtschaftens ökologische und soziale Aspekte nicht ganz zu vergessen, sie vielleicht sogar gleichrangig zu behandeln. Damit werden beispielsweise das Gewinnstreben von Unternehmen und die Existenz eines für die Menschheit überlebenswichtigen stabilen Klimas als gleichrangige Ziele formuliert, zwischen denen man eine »ausgewogene« Lösung zu suchen habe. Zudem wird durch das breite Säulen-Modell suggeriert, dass letztlich jedwede politische Frage irgendwie von Nachhaltigkeit handle. Doch kann dies »Nachhaltigkeit« sein? Zwar kann man über einen bloßen Wortgebrauch kaum sinnvoll streiten, doch empfiehlt es sich, Worte so zu wählen, dass relevante inhaltliche Probleme benannt werden. Gemessen daran ist das Drei-Säulen-Modell zweifelhaft:[3]

• Das Modell übergeht das spezifisch Neue, den Paradigmenwechsel, der in der Nachhaltigkeitsdebatte steckt, und damit zugleich eine zentrale Herausforderung der Gegenwart, nämlich die nach mehr Generationen- und globaler Gerechtigkeit. Schon rein sprachlich kann »Nachhaltigkeit« nur diesen Langfristbezug meinen – und nicht die Trivialaussage, man müsse im Leben eben immer alles gegeneinander abwägen. Alles gegeneinander abzuwägen und zu bestmöglichen Ergebnissen zu kommen, war auch bisher schon die Idee von Gerechtigkeit und von Politik. Ein neues Wort wäre dafür überflüssig.[4]

• Die saubere Trennung ökologischer, ökonomischer und sozialer Aspekte ist zudem schwierig, wenn nicht sogar unmöglich: Ist beispielsweise bessere Luftqualität nur ein ökologisches Ziel, weshalb nicht ein soziales oder ökonomisches?

• Der Säulen-Ansatz lebt ferner von der impliziten, nach den Ergebnissen des Abschnitts 13 so nicht haltbaren Annahme, Nachhaltigkeit und Wachstum gingen problemlos zusammen. Jedenfalls in reichen Ländern mit hohem Ressourcenverbrauch tun sie das nicht. Noch deutlicher ausgedrückt: Wenn die Welt physikalisch endlich ist und die Menschheit ohne bestimmte Umweltbedingungen wie atembare Luft oder trinkbares Wasser nicht leben kann und diese Dinge von einigermaßen intakten Ökosystemen abhängen, dann wird von dieser Problematik begrifflich abgelenkt, wenn man wie das Säulen-Modell die Höhe von Unternehmensgewinnen als eine mit diesen Existenzvoraussetzungen gleichrangige Frage konzipiert.

- Nachhaltigkeit handelt primär von Grundbedürfnissen und kann nicht wirtschafts- und sozialpolitische Einzelfragen betreffen. Zeitübergreifende Konflikte – und darauf verweist der Wortsinn von Nachhaltigkeit – können per se nur Belange betreffen, bei denen heutige Menschen überhaupt die Macht haben, die Lebensbedingungen künftiger oder junger Menschen erheblich und vielleicht gar irreversibel zu beeinflussen. Und dies sind eben die Grundbedürfnisse. Wasser oder fruchtbare Böden brauchen beispielsweise auch künftige Menschen.

All dies wird in der Rio-Deklaration der UN-Konferenz von 1992 als zentraler Wurzel des modernen Nachhaltigkeitsdiskurses auch deutlich sichtbar, wenn es auch häufig übergangen wird.[5] Grundsatz 5 und auch Grundsatz 7 der Rio-Deklaration (gemeinsame, aber geteilte Verantwortung von Industrie- und Entwicklungsländern) beziehen sich ersichtlich auf den Erhalt menschlichen Lebens überhaupt. Auch die Beseitigung nicht-nachhaltiger Produktions- und Verbrauchsstrukturen (Grundsatz 8) klingt nicht nach »mehr Wachstum und höhere Einkommen auch für die reichen Industriestaaten«, zumal die Rio-Deklaration Wirtschaftswachstum und Nachhaltigkeit nebeneinander nennt und damit begrifflich trennt.

Konkret meint Nachhaltigkeit als Denken an die gesamte Welt und an die Zukunft beispielsweise, dass die Assimilationsgrenzen des Naturhaushalts einschließlich eines stabilen Globalklimas gewahrt werden sollen. Und dass mit Energieträgern und den Folgen ihrer Nutzung so umzugehen ist, dass nicht nur von den Wünschen der Gegenwarts-Generation oder gar einzelner Länder auszugehen ist. Ferner: dass die elementare menschliche Existenz gesichert sein soll, was neben Nahrung auch Zugang zu sauberem Trinkwasser, medizinischer Behandlung und Bildung sowie die Abwesenheit von Krieg und Bürgerkrieg für alle nahelegt. Andere Ziele im Leben wie beispielsweise kurzfristiger Wohlstand, ständig wachsende Unternehmen und Arbeitnehmereinkommen, ein gut subventioniertes städtisches Opernhaus oder weniger Taschendiebstähle sind vielleicht erstrebenswert – sie sind aber nicht Teil von Nachhaltigkeit, sondern treten mit der Nachhaltigkeit mitunter in eine Abwägung. Das sollten wir ehrlich zugeben. Und wir sollten uns fragen, was auf Dauer wichtiger ist.

30. Die Energie- und Klimawende als Problem von Gerechtigkeit und Menschenrechten

Aber ist eine Energie- und Klimawende in der langfristigen und weltweiten Perspektive des Nachhaltigkeitsgedankens wirklich nicht nur im eigenen Interesse ratsam, sondern vielmehr normativ (das ist der Oberbegriff für ethisch/moralisch und rechtlich) geboten, also gerecht? Gerechtigkeit, ein weiterer Oberbegriff für das Reden über die Ziele und Werte von Gesellschaften, meint hier ganz allgemein die Richtigkeit einer gesellschaftlichen Ordnung. Sie sagt, wie die Gesellschaft und menschliches Verhalten sein sollen. Die aufgeschriebene Verfassung – als rechtliche Grundordnung von Gesellschaften – ist dabei mit ethischer Gerechtigkeit – also mit dem, was Ethik und Moral darüber aussagen, wie Gesellschaften sein sollen – natürlich nicht notwendigerweise identisch. Bei liberal-demokratischen Verfassungen ergibt sich diese Deckung allerdings, wenn wir sie richtig interpretieren, so dass das Folgende parallel ethisch und konkret rechtlich-verbindlich gemeint ist.[6]

Nehmen wir für den Moment einmal folgende These an (näher dazu dann im weiteren Verlauf): *Gerecht ist eine Gesellschaft dann, wenn in ihr jeder nach eigenen Vorstellungen leben kann und alle anderen das auch können – wenn also jeder gleichermaßen (!) ein so bezeichenbares Recht auf Freiheit hat und Freiheitskonflikte gewaltenteilig-demokratisch gelöst werden.* Dieses Recht auf Freiheit nennen wir, indem wir es auf allgemeine Handlungsfreiheit, Versammlungsfreiheit, Berufsfreiheit, Eigentumsfreiheit, Religionsfreiheit, Meinungsfreiheit etc. – und wie wir sehen werden: auch den Schutz elementarer Freiheitsvoraussetzungen wie Leben, Gesundheit und Existenzminimum – aufspalten, auch gerne mit einem relativ vagen Begriff »die Menschenrechte«. Gerecht ist menschliches Zusammenleben also, wenn es die Menschenrechte sowie bestimmte, die Freiheit unterstützende sonstige Arrangements einschließlich passender, demokratisch-gewaltenteiliger Institutionen optimal verwirklicht. Wir werden noch sehen, dass dies sogar das einzige Gerechtigkeitskriterium ist – und dass man daraus zentrale Anforderungen an die Energie- und Klimawende herleiten kann. Bloße Behauptungen im Stil von »Die Freiheit der Unternehmen hat eben Grenzen« oder »Wir brauchen ein neues Freiheitsverständnis« nützen hier allerdings niemandem, so beliebt sie im Energie- und Klimadiskurs auch sein mögen. Und auch der Hinweis, dass diese Menschenrechtszentrierung typisch für ein freiheitlich-demokratisches Verfassungsrecht ist, besagt nicht zwangsläufig, dass ein solches Recht auch als ethisch richtig gelten muss. Deshalb müssen wir uns auf die Angelegenheit kurz ein wenig näher einlassen. Wer das eben Gesagte per se für überzeugend hält, kann diesen Abschnitt notfalls überspringen.

Man kann auf die These zur Gerechtigkeit zu Beginn des letzten Absatzes hin die Frage stellen: Ist das auch das, was ethisch der wünschenswerte Maßstab für Gesellschaften ist? Aussagen über erstrebenswerte Ziele oder Werte, also darüber, wie Gesellschaften sein sollen – wie es beispielsweise die eingeführte These zur Gerechtigkeit als Freiheit ist –, sind ja etwas anderes als Fakten. Können solche Aussagen objektiv richtig sein, so dass Gerechtigkeit auch in einer globalisierten, pluralistischen Welt noch mehr ist als ein subjektives Geschmacks- oder Mehrheitsurteil? Und dass damit auch eine unzureichende Energie- und Klimawende als nicht nur wirtschaftlich dumm, sondern auch moralisch und rechtlich kritikwürdig bezeichnet werden kann? Eine solche Grundlegung können rein beschreibende sozial- oder naturwissenschaftliche Denksysteme nicht liefern. Denn aus empirischen Messungen und Beobachtungen zum Klimawandel, also aus Fakten folgt für sich genommen nichts darüber, wie die Welt sein soll. Man benötigt vielmehr eine Norm, die zeigt, dass dieser Zustand nicht wünschenswert ist. Fakten sind lediglich das Beweismaterial, um zu zeigen, dass eine Norm eingehalten oder nicht eingehalten wurde, etwa dass ein moralisch als nicht wünschenswert ausgewiesener Klimawandel tatsächlich stattfindet. Man kann die Normen für wünschenswerte Zustände einfach dem Recht entnehmen, das beispielsweise die eben thesenhaft eingeführte Grundordnung enthält, doch braucht auch das Recht eine Grundlage, die zeigt, dass das Recht richtig ist.[7]

Viele denken bei Moral auch direkt an Religion. Doch religiöse Moral beruht auf Annahmen, die man glauben, aber nicht wissen kann: die Existenz Gottes und die Erkennbarkeit seiner Regeln für den Menschen.[8] Religion als kombinierte Instanz fürs gute Leben, Glauben, Moral und Tatsachenerkenntnis (einschließlich der psychologischen Deutung des Menschen): Dieser »historische Normalfall« muss sich deshalb wohl oder übel auf seinen Kernbereich zurückziehen, auf gutes Leben und Glauben, wo ihm die (normative oder deskriptive) Wissenschaft das Feld nicht streitig machen kann.

Denn Glaubenssätze lassen sich zwar nicht beweisen, aber auch nicht rational widerlegen, wie Kant gezeigt hat.[9] Viele assoziieren allerdings mit Kirchenskepsis und Freiheitsorientierung gleich einen postmodernen Relativismus, der keinerlei Normen für begründbar hält. Doch der überzeugt ebenfalls nicht, wie wir im Folgenden sehen werden.

Dass Tatsachenaussagen *wahr* und damit objektiv rational sein können, wird selten bestritten, außer von radikalen Relativisten, und auch die handeln im wirklichen Leben selten nach dieser Einstellung. Weniger klar ist, ob auch moralischrechtliche Normen *richtig* und objektiv rational sein können.[10] Man muss dazu einige Begriffe verstehen. »Objektiv« meint »nicht subjektiv«, also nicht abhängig von bestimmten Perspektiven, kulturellen Hintergründen oder Einstellungen – also universal und überall gültig. Vernunft respektive Rationalität meint die Befähigung, Fragen mit Gründen, also objektiv, zu entscheiden. Geht es um die Frage nach der Gültigkeit von moralisch-rechtlichen Normen, spricht man von normativer Vernunft. Dagegen handeln die instrumentelle[11] und die theoretische Vernunft von Fakten. Die instrumentelle Vernunft handelt davon, welche Mittel eine als richtig vorausgesetzte Norm, etwa ein bestimmtes Klimaziel, am wirksamsten umsetzen (etwa der Emissionshandel). Dabei kommt dann auch das Wissen darüber ins Spiel, was Menschen rein faktisch motiviert (dazu Kapitel III), denn das sind viele weitere Faktoren neben moralischen Überzeugungen. Die theoretische Vernunft handelt von Faktenermittlung ohne konkreten Handlungsbezug (etwa die naturwissenschaftliche Klimaforschung). Ob es objektiv gültige (also rational belegbare) Normen und Tatsachen gibt, hat dabei *nichts* mit der – zutreffenden – Beobachtung zu tun, dass uns Menschen rein faktisch bei der Tatsachen- und Normerkenntnis oft unsere subjektiven Sichtweisen in die Quere kommen. Denn dies beweist keineswegs, dass Objektivität – etwa durch sorgfältige Prüfung und Diskurs mit anderen – unmöglich ist.[12]

Der in der politischen und wissenschaftlichen Praxis dominierende Ansatz, die wünschenswerten Energie- und Klimaziele zu ermitteln, ist nun allerdings, wenn das Ganze nicht
einfach als reine Rechtsfrage oder – vermeintlich – politisch
beliebig entscheidbare Frage erörtert wird, keine altehrwür-
dige Ethiktheorie. Der dominierende Ansatz ist vielmehr die
sogenannte ökonomische Bewertung, die freilich durchaus
eine Ethik ist, auch wenn Ökonomen das selten sehen. Richtig ist für den Standardökonomen einfach das, was einzelne
Menschen rein faktisch wünschen (Präferenz). Rational seien
dann allein quantifizierende (!) Abwägungen, die die ihrerseits nicht rational überprüfbaren Präferenzen in eine ein-
heitliche »Währung« (Geld) brächten und sie damit ver-
gleichbar machten. Wenn ein Ökonom nach der richtigen
Energie- und Klimapolitik fragt, würde er also nicht fragen:
Welchen klimapolitischen Rahmen geben die Freiheitsrechte
der verschiedenen Beteiligten vor, etwa künftiger Generationen einerseits und heutiger Konsumenten und Unternehmer
andererseits, einschließlich möglicher aus dem Freiheitsgedanken folgender Regeln, welche Institutionen nach welchen Abwägungsregeln solche Entscheidungen zu treffen
haben? Ökonomen würden vielmehr üblicherweise fragen:
Wie viel würden die heute lebenden Menschen für ein stabiles Globalklima zahlen; was wäre also der Marktpreis des Klimas? Und was würde man umgekehrt für den Wunsch zahlen, unbegrenzt Auto fahren oder nach Mallorca fliegen zu
dürfen? Was wäre hier also das beste Kosten-Nutzen-Verhält-
nis und damit die beste Orientierung für die Energie- und
Klimapolitik? Dieser ganze Ansatz ist die Basis dafür, wie viel
Klimaschutz Ökonomen heute für objektiv richtig halten; sie
sagen dazu oft auch »effizient«.[13] Jedes andere Vorgehen, insbesondere eine normative Argumentation wie in diesem und
im letzten Kapitel, wird dabei letztlich für unwissenschaftlich
und irrational erklärt.

Gegen diesen ökonomischen Standardansatz sprechen

jedoch erhebliche Einwände, nicht nur, aber auch beim Energie- und Klimathema. Unser rein faktisches Wollen ist nach diesem Ansatz per se richtig. Einen Prüfstein für die Realität gibt es damit nicht mehr. Moraldebatten sind dann per se witzlos. Zudem liegt ein Sein-Sollen-Fehlschluss vor: Warum sollten unsere rein faktischen Präferenzen (Sein) per se als richtig gelten (Sollen)? Sollen nach diesen Maßstäben dann beispielsweise auch mehrheitlich gewollte totalitäre Diktaturen als gerecht gelten? Und soll die faktische Ignoranz etwa gegenüber den Belangen künftiger Generationen, die heute noch keine Präferenz äußern können, damit per se in Ordnung sein? Dass es zudem massive praktische Schwierigkeiten gibt, sämtliche Vorteile (Nutzen) und Nachteile (Kosten) jedweder möglichen Energie- und Klimastrategie wirklich auszurechnen, sei hier nur am Rande erwähnt. Entscheidend ist aber folgender Punkt: Die Präferenztheorie der Gerechtigkeit enthält einen Selbstwiderspruch. Denn wer sagt, es gebe keine allgemeinen normativen Sätze, und deshalb müsse allgemein auf Präferenzen abgestellt werden, stellt selbst eine allgemeine Aussage über Normen auf. Die Aussage »alles ist relativ bei Normen« widerlegt sich also selbst. Objektive Moral ist eben gerade doch möglich; ihre Leugnung widerspricht sich selbst.

Warum aber sollte gerade das Freiheitsprinzip, wie es eingangs dieses Abschnitts als These eingeführt wurde, der Kern der Moral sein, das menschenrechtszentrierte Verfassungsrecht (siehe ebenfalls eingangs dieses Abschnitts) damit eine ethische Grundlage haben und damit dann im Folgenden eine stabile Basis für energie- und klimaschutzbezogene Ableitungen verfügbar sein? Und warum sollte so eine Aussage »objektiv« sein können? Dies ist wie gesagt keine abstrakt-akademische Frage. Vielmehr können nur bei Bejahung dieser Frage auch Aussagen darüber, wie die Welt sein soll und insbesondere mit der Energie- und Klimakrise umgehen soll, objektive Aussagen und nicht bloß subjektive Geschmacksurteile sein. Und wäre es so, dass der Schutz künftiger Generationen beispielsweise als solch ein bloßes Geschmacksurteil anzusehen ist, bestünde für ethische Vorwürfe an die Adresse derer, die auf die Energie- und Klimawende keine Lust haben, keinerlei Grundlage. In aller Kürze also zur Objektivität der Ethik und des Rechts folgende Überlegung. In einer pluralistischen Welt streitet man notwendigerweise über normative Fragen. Selbst Fundamentalisten und Autokraten tun dies unweigerlich zumindest gelegentlich. Und sie bedienen sich dabei der menschlichen Sprache. Wer aber mit Gründen (also rational, also mit Worten wie »weil, da, deshalb«) streitet, also in normativen Fragen Sätze wie »X ist richtig, weil Y« formuliert, setzt logisch (1) die Möglichkeit von Objektivität in der Moral und (2) die Freiheit voraus, ob er das nun faktisch will oder nicht:

1. Wir setzen logisch voraus, dass normative Fragen überhaupt mit Gründen und ergo objektiv und nicht nur subjektiv-präferenzgesteuert entschieden werden können; sonst widersprechen wir uns selbst. Wir setzen das sogar jeden Tag voraus, wenn wir normative Thesen aufstellen und diese begründen, also mit dem Anspruch auf objektive Einsehbarkeit kennzeichnen (anstatt sie nur als subjektiv zu präsentieren). Und es dürfte nahezu unmöglich sein, ein Leben lang nie Sätze mit »weil, da, deshalb« zu normativen Fragen zu formulieren. Damit ist kein Entkommen vor der grundsätzlichen Möglichkeit (!) von Objektivität in normativen Fragen. Wir setzen die Möglichkeit objektiver Aussagen aber auch dann logisch voraus, wenn wir sagen: »Ich bin Skeptiker und sage, es gibt objektiv nur subjektive Aussagen über Moral.« Diese Aussage kann nur gültig sein, wenn es eben doch Objektivität gibt. Damit hebt sich die Kritik an der Objektivität logisch selbst auf.
2. Wir setzen ferner logisch voraus, dass die möglichen Diskurspartner gleiche unparteiische Achtung verdienen.

Denn Gründe sind egalitär und das Gegenteil von Gewalt und Herabsetzung; und sie richten sich an Individuen mit geistiger Autonomie, denn ohne Autonomie kann man keine Gründe prüfen. Niemand könnte sagen: »Meine These X und ihre Begründung würde zwar von Herrn P leicht widerlegt werden können, du, lieber Q, solltest sie als Dummkopf aber glauben.« Und es würde auch niemand sagen können: »Nachdem wir P zum Schweigen gebracht hatten, konnten wir uns endlich überzeugen, dass X ein guter Grund für Y ist.« Es widerspricht mithin gerade dem Sinn von »Gründen«, das Begründen als relativ zur Person des Adressaten zu verstehen – ein Grund *überzeugt* und kann *von jedem eingesehen* werden. Jemand, der in einem Gespräch über Gerechtigkeit Gründe gibt (also Sätze mit »weil, deshalb, da« spricht), dann aber dem Gesprächspartner die Achtung streitig macht, widerspräche ergo dem, was er selbst logisch voraussetzt.

Folgerichtig muss der, der sich einmal auf den Streit über Gerechtigkeit mit Gründen und damit auf die Vernunft einlässt, den Partner als Gleichen achten – einerlei, ob er sich der Implikationen seines Begründens bewusst ist oder ob er etwa zu bloßen Überredungszwecken zu diskutieren meint. Denn es geht hier um logische Implikationen unseres Sprechens, nicht dagegen um unser rein faktisches Selbstbild. Die somit vernunftgebotene Achtung vor der Autonomie als Selbstbestimmung muss nun aber gerade dem Individuum gelten und damit Respekt vor der individuellen Autonomie sein: Kollektive als solche sind nämlich gar keine möglichen Diskurspartner. Dieses ist vielmehr der einzelne argumentierende Mensch. Dies ist die Begründung für das Prinzip der Achtung vor der Autonomie der Individuen (Menschenwürde[14]). Ergänzend, aber davon kaum unterscheidbar ist damit letztlich zugleich auch das Prinzip begründet, dass Gerechtigkeit Unabhängigkeit von subjektiven Perspektiven meint (Unparteilichkeit). Aus Würde und Unparteilichkeit wiederum folgt das Recht auf Freiheit für alle Menschen, wobei sich der Zusammenhang »Freiheit um der Würde willen« auch in liberal-demokratischen Verfassungen ganz explizit so ergibt.[15] Und zwar nur das Freiheitsprinzip; mangels zwingender Begründung können andere Prinzipien mit ihm folglich nicht in Konkurrenz treten. Deshalb ist die gleiche freiheitliche Selbstbestimmung mitsamt all den sie fördernden, vielfältigen Umständen das Kriterium der Gerechtigkeit. Dagegen ist die Zeit von oben herabschwebender Normen über Richtig und Falsch vorbei – begründet werden kann nur das, was aus der Selbstbestimmung unweigerlich folgt. Wir verfolgen jetzt näher, wie wir gleichwohl (und gerade) mit dieser Basis zu einer Ziel- und Wertorientierung für die Energie- und Klimawende kommen.

31. Zero Carbon Society: Nicht Freiheitsverlust und demokratische Beliebigkeit, sondern Lösung eines Freiheitskonflikts

Schwindende Energieträger und Klimawandel schaden massiv den davon voraussichtlich betroffenen Millionen und Milliarden Menschen, insbesondere künftigen und weit entfernt lebenden Menschen, die wenig für die Ursachen dieser Probleme können. Wir untergraben, wenn wir nicht konsequent aus den fossilen Brennstoffen aussteigen, die Selbstbestimmung respektive die Freiheit der Betroffenen. Denn die Gefährdung der Lebensgrundlagen durch einen potenziell katastrophalen Klimawandel bedroht die Freiheit einerseits durch Zerstörung unverzichtbarer vitaler Grundlagen, ohne die wir mit unseren klassischen Freiheitsgarantien nicht mehr allzu viel werden anfangen können. Andererseits provoziert die Lebensgrundlagengefährdung möglicherweise eines Tages einen Schwenk schlimmstenfalls hin zur ökodiktatorischen Abschaffung von Freiheit und Demokratie. Gibt es einen Ausweg aus dieser fatalen Alternative Hyperindividualismus versus totalitäre Gemeinschaftsordnung?[16] Die gesamte folgende Argumentation zur Freiheit ist eine Moraltheorie und zugleich eine Interpretation der juristischen – nationalen, europäischen und völkerrechtlichen[17] – Menschenrechte. Diese Parallelität ist möglich, da im Abschnitt 30 die grundsätzliche ethische Fundierung liberal-demokratischer Ordnungen aufgezeigt wurde.[18] Das ist keine akademische Spitzfindigkeit, sondern zeigt, dass wir hier nicht allein über Moral reden, sondern über konkrete rechtliche Pflichten.

Um mit dem wichtigsten Punkt zu beginnen: Warum genau dürfen uns künftige Generationen und auf anderen Kontinenten lebende Menschen nicht einfach gleichgültig sein? Das Grundprinzip liberal-demokratischer Gesellschaften ist die Freiheit, verstanden als Recht auf Selbstentfaltung,[19] übrigens auch ökonomische Entfaltung, und als Abwesenheit übermäßiger staatlicher Bedrückung. Dieses Grundprinzip ist universal begründbar und folgerichtig auch völkerrechtlich universal angelegt (siehe Abschnitt 30). Aber, und dies ist die nötige Abkehr vom gewachsenen Freiheitsverständnis in Recht und Moral, auch die Menschen im globalen Süden und die Menschen künftiger Generationen haben einen ebensolchen Anspruch auf gleiche Freiheit. Und zwar aus zwei ethisch wie rechtsinterpretativ tragfähigen Gründen: Erstens sind zu ihrem Lebenszeitpunkt auch junge und künftige Menschen eben Menschen – und schon heute sind dies die Menschen in anderen Ländern – und damit Träger des Menschenrechts auf Freiheit und Selbstbestimmung. Und dieses Recht auf gleiche Freiheit hat gerade den Sinn, dann zu wirken, wenn ihm Gefahren drohen – und sie drohen in einer technisierten, globalisierten Welt grenzüberschreitend und vor der eigenen Lebenszeit. Und dieses Recht auf Freiheit gilt für alle Menschen, auch wenn ich nie mit ihnen rede.

Das zweite Argument ist komplizierter und wird durch die Herleitung im Abschnitt 30 klar: Gründe in Gerechtigkeitsfragen (anders als Äußerungen in privaten oder ästhetischen Fragen) richten sich an jeden, der sie potenziell widerlegen könnte – womit ich alle Menschen als zu Achtende anerkennen muss, sobald ich denn überhaupt manchmal im Leben in Gründen spreche; und das tut jeder. Dies macht als Kontrollüberlegung wiederum ein Exempel deutlich. Niemand könnte ernstlich sagen: »Der abwesende (also zeitlich und örtlich nicht präsente!) Herr P könnte meine Thesen zwar jederzeit widerlegen – du aber solltest sie wegen deiner Dummheit glauben.« Wer so etwas sagt, hätte gerade nichts begründet. Abstrakter ausgedrückt: Weil potenzielle Diskurspartner erfasst sind, muss ich auch räumlich und zeitlich entfernt lebenden Menschen Freiheit zugestehen.

Das meint zunächst, dass die Freiheitsrechte eine zeitübergreifende (intergenerationelle) und globale Dimension bekommen. Das gewachsene Freiheitsverständnis, das bisher oft auf ein Recht, sich (vor allem wirtschaftlich) nach Belieben zu entfalten, reduziert wurde, muss aber auch in anderen Punkten ethisch und rechtsinterpretierend überdacht werden. So müssen die Freiheitsrechte endlich auch so interpretiert werden, dass sie auch die elementaren physischen Freiheitsvoraussetzungen einschließen – also einen Anspruch nicht nur auf Sozialhilfe und nicht nur auf ein gewisses Quantum an Sicherheit, also jedenfalls Abwesenheit von Krieg und Bürgerkrieg, sondern auch auf ein Vorhandensein einer einigermaßen stabilen Ressourcenbasis und eines entsprechenden Globalklimas. Warum? Ohne ein solches Existenzminimum (und ohne Leben und Gesundheit) gibt es keine Freiheit. Die elementaren Freiheitsvoraussetzungsrechte werden häufig auch als wirtschaftliche und soziale Menschenrechte bezeichnet. Wie das Recht auf Nahrung und Wasser oder Abwesenheit von klimawandelbedingten Kriegen, welches auch die vom Klimawandel besonders betroffenen

Menschen in den Entwicklungsländern für sich beanspruchen können. Und zwar nicht nur heute, sondern auch in Zukunft. Die Begründung über die Freiheit zeigt jedenfalls präziser als ein sehr vager Begriff wie »Grundbedürfnisse«, um was es eigentlich geht.

Außerdem bedeutet der Sinn menschenrechtlicher Freiheit, nämlich Freiheitsschutz dort, wo die Gefahr droht, dass die Freiheit auch einen Anspruch auf (staatlichen) Schutz vor den Mitbürgern einschließen muss (und dies nicht nur in extremen Ausnahmefällen) – denn entgegen der Tradition seit den Zeiten der Aufklärung ist der Staat eben nicht die alleinige Gefahr für die menschliche Selbstbestimmung. Die öffentliche Gewalt hat national und transnational gerade auch die Aufgabe, zu verhindern, dass die Bürger wechselseitig ihre Freiheit zerstören.

Die menschenrechtliche Freiheit schützt bei alledem auch vor »unsicheren« Beeinträchtigungen wie dem Klimawandel, dessen Einzelheiten ja noch nicht exakt absehbar sind, sie umfasst also auch den Vorsorgegedanken. Das wird unter Juristen oft verneint,[20] nicht nur für den Klimawandel, sondern auch für beliebige andere Umweltgefahren, ich würde es aber bejahen. Würden wir etwa mit dem Klimaschutz abwarten, bis letzte Zweifel an der anthropogenen Verursachung des Klimawandels beseitigt sind, wäre es für Abhilfemaßnahmen zu spät. Dann wäre die menschenrechtliche Freiheit das Papier nicht wert, auf dem sie steht.

Viele werden eine Energie- und Klimawende gleichwohl als eher freiheitseinschränkend erleben, etwa für die wirtschaftliche Freiheit und die Konsumfreiheit. Insbesondere dann, wenn die Wende nicht rein technisch gelingt, sondern auch Verhaltensänderungen erfordert, stimmt das auch. Das heißt in aller Deutlichkeit: Ethisch und rechtlich ist die Energie- und Klimawende, wie Politik meistens, ein Konflikt verschiedener Freiheitssphären.[21] Denn dass die Freiheit des einen mit der Freiheit des anderen kollidiert, passiert notwendigerweise jeden Tag, und dann muss man abwägen. Ich möchte eben Dinge tun, die jemand anders nicht möchte, und umgekehrt. Der eine will Auto fahren, der andere möchte in 50 Jahren nicht Hochwasserkatastrophen ausgesetzt sein. Und selbst wenn sich mancher Widerspruch durch bessere Technik mindern lässt, ist auch dies nicht kostenlos – und teilweise wird dann auch die Tauglichkeit von Gütern gemindert, wenn etwa klimafreundliche Elektroautos eine viel geringere Reichweite haben als Benzinautos. Die menschenrechtlichen Freiheiten stehen also in einem ständigen Konflikt untereinander. Die beliebte Formel »Die Freiheit des einen endet dort, wo die Freiheit des anderen beginnt«, ist ergo falsch. In Wirklichkeit überschneidet sich meine Freiheit weitgehend mit der vieler anderer Menschen, und es muss gerade entschieden werden, wo letztlich die Grenze verlaufen soll. Ebenso gibt es keine allgemeine Formel »Schädige niemanden«, weil nahezu jede für andere relevante Handlung dem einen nützt und dem anderen schadet. Genau deshalb erklären sämtliche liberal-demokratischen Verfassungen die Grundrechte bis hin zum Recht auf Leben und Gesundheit für abwägbar untereinander.

Aber heißt das jetzt, dass Politiker und Individuen am Ende doch nach Belieben darüber entscheiden dürfen, ob und wie ernsthaft sie die Energie- und Klimawende angehen? Genau das stimmt nicht. Ich möchte dies an einigen wichtigen Aspekten näher aufzeigen:

• Wenn die Freiheit wie gezeigt der Grundgedanke für Ethik und Recht ist und optimal zur Geltung gebracht werden soll, müssen die nötigen Abwägungen Regeln folgen, die dem Freiheitsprinzip dienen (die folgenden Aufzählungspunkte geben dafür Beispiele). Abwägungen bedingen zwar Entscheidungsspielräume, wenn dieser Rahmen aber verletzt wird, ist das Abwägungsergebnis ethisch und rechtlich zu beanstanden. Auch die Verfahrensregeln dafür, wie und durch wen die Spielräume zu füllen sind, müssen dem Freiheitsgedanken folgen. Das wichtigste Beispiel dafür ist: Für die Füllung sind insbesondere Parlamente zuständig. Denn das ist die freiheitsfreundlichere Regelung, weil ein Parlament durch Abwahl kontrolliert werden kann, ein Gericht dagegen nicht. Von Gerichten, etwa von Verfassungsgerichten, kann dagegen eine politische Entscheidung gerügt werden, die die Abwägungsregeln verletzt.

- Eine Abwägungsregel, die wiederum dem Freiheitsprinzip entnommen werden kann, lautet: Es verletzt die äußeren Grenzen möglicher Abwägungsspielräume, wenn das System der Freiheit insgesamt durch die drohende Herbeiführung einer Welt ständiger Kriege und Bürgerkriege aufgrund klimawandelbedingt schwindender Nahrungs- und Wasserversorgung zum Einsturz kommt. Damit ergibt sich insoweit gerade ohne Abwägungsspielraum eine grundrechtliche Verpflichtung auf einschneidende klimapolitische Maßnahmen – global, europäisch und national. Daran gemessen ist das in Abschnitt 23 propagierte Ziel von 1,5 bis 2 Tonnen Treibhausgasemissionen pro Mensch weltweit bis 2050 durchaus moderat gefasst, da dieses Ziel immer noch erhebliche Klimawandelschäden hinnimmt, aber immerhin wohl völliges Chaos vermeiden könnte. Genau das ist es, was menschenrechtlich geschuldet ist. Die bisherige Politik wird dem nicht gerecht, wie die Betrachtungen der Abschnitte 4 und 21 gezeigt haben.
- Ob etwa 1,5 Tonnen die korrekte Größenordnung sind, um weitgehende Folgen des Klimawandels zu verhindern, ist keine ethische oder juristische, sondern eine naturwissenschaftliche Frage. Die beiden normativen Fächer können angeben, welches die wünschenswerten Zustände sind, und empirische Fächer wie die Klimatologie können dann sagen, bei welchem Emissions- und Temperaturniveau diese Zustände mit erheblicher Wahrscheinlichkeit gewährleistet sind[22] (völlige Sicherheit, siehe oben den Vorsorge-

gedanken, ist dafür nicht erforderlich). Als Abwägungsregel kann wiederum aus dem Freiheitsgedanken hergeleitet werden, dass die Politik die naturwissenschaftliche Tatsachenlage sorgfältig ermitteln muss – denn andernfalls könnte die Politik doch wieder völlig beliebige Entscheidungen aufgrund manipulierter Tatsachen rechtfertigen. Die Politik muss also beispielsweise die neueste Klimaforschung zugrunde legen. Wenn man etwa die Debatte 2014 über die Reform des EEG mit ihrer Ausbremsung des Klimaschutzes respektive des Erneuerbare-Energien-Ausbaus verfolgt hat, bestehen deutliche Zweifel, ob die aktuelle Politik diese Abwägungsregel einhält.

- Ebenfalls aus dem Freiheitsgedanken folgt als Abwägungsregel das Verursacherprinzip: Wer einen Sachverhalt verursacht, muss auch für die Folgen geradestehen. Auch deshalb ist die Verteuerung der fossilen Brennstoffe der richtige Weg. Denn sie erinnern die Brennstoffnutzer – also uns alle – daran, dass durch die Verbrennung von Kohle, Gas und Öl heftige Folgeschäden für andere Menschen drohen und dass diese entweder unterbleiben oder teuer bezahlt werden müssen.

- In zählbare Kosten und Nutzen auflösen kann man Abwägungen bei alledem nicht – die sogenannte ökonomische Bewertung ist weit verbreitet, aber als Methode ein Fehlgriff. Das wurde in Abschnitt 30 kurz angesprochen.[23] Selbstredend kann man Aussagen wie die, die Energiewende sei volkswirtschaftlich sinnvoll, treffen – damit ist ersichtlich gemeint, dass die Energiewende bezogen auf in Geld bemessene Güter mehr Vor- als Nachteile hat, dass also beispielsweise die drohenden Klimaschäden sowie die Unternehmensgewinne durch den Ausbau neuer Technologien einen größeren Umfang haben als Verluste im Bereich der alten Energiekonzerne. Die ökonomische Bewertung geht darüber jedoch weit hinaus, weil sie sämtliche – nicht nur wirtschaftliche – Vor- und Nachteile einer

Entscheidung in Geld ausdrücken will, schlimmstenfalls auch die Schäden für Leben und Gesundheit von Menschen. Anders als einfache Wirtschaftlichkeitsberechnungen ergänzt sie ethische, rechtliche und politische Entscheidungen daher nicht, sondern zielt strenggenommen auf deren Ersetzung ab.

Aus der menschenrechtlichen Freiheit besteht also eine Pflicht zu einer echten Energie- und Klimawende. Die Entscheidung für oder gegen eine echte Wende ist damit nicht dem Belieben von Mehrheiten oder souveränen Staaten überlassen. Es wird mit alledem auch deutlich, um was es geht: um das Wohl und Wehe ganz konkreter Menschen und ihrer Selbstbestimmung. Und zwar aller Menschen weltweit und auf Dauer. Ohne eine gelingende Energie- und Klimawende gibt es keine Freiheit.

32. Mein Auto, mein Steak, mein Urlaubsflug – reine Privatsache?

Man könnte mit der menschenrechtlichen Freiheit scheinbar gerade auch gegen die globale Klimawende argumentieren: Was geht es den Staat denn überhaupt an, wie ich lebe – und wird nicht genau das mit einer echten Klimawende plötzlich reglementiert? Dies muss man differenziert beantworten. Alles, was die Freiheit mehrerer Menschen und damit Konflikte zwischen den Entfaltungschancen mehrerer Bürger betrifft, nennt man Gerechtigkeitsfrage. Das kann dann nicht nur meine Sache sein. Wie mit solchen Konflikten umzugehen ist, hat Abschnitt 31 dargestellt. Was dagegen nicht die Freiheit mehrerer betrifft, ist Privatsache und geht den Staat nichts an; man nennt es eine Frage des guten Lebens. Denn wenn Freiheit respektive Selbstbestimmung einschließlich der vielen aus ihr ableitbaren Folgerungen ethisch und rechtlich das Gerechtigkeitskriterium ist, dann kann man die Freiheit, Auto zu fahren, zwar um der Freiheit und der Freiheitsvoraussetzungen anderer Menschen willen einschränken. Man kann sie auch für nur freiheitsförderliche Bedingungen – die man normalerweise nicht selbst Menschenrechte nennt – einschränken, etwa im Interesse eines sicheren Straßenverkehrs. Man kann aber, ohne dass das in Ethik und Recht immer klar wäre, die Beschränkung des Autofahrens nicht so begründen, dass die Beschränkung für mich selbst besser wäre. Etwa deshalb, weil ich dann angeblich viel glücklicher wäre. Bevormundung ist also verboten.

Bevormundung liegt aber eben nur vor, wenn wirklich kein anderer durch mein Tun betroffen ist. Durch die Energie- und Klimawende, die erklärtermaßen andere Menschen schützen soll, fühlen sich viele daher zu Unrecht bevormundet. In der Tat werden übrigens durch das Energie- und Klimaproblem viele bisher »rein private« Dinge plötzlich zu Gerechtigkeitsfragen. Was ich esse, wie ich reise oder wie ich zur Arbeit komme, hat heutzutage aber eben Folgen für andere Menschen. Zumal ja, anders als in einem Gottesstaat, nicht mein Wünschen als solches reguliert wird, sondern nur mein äußeres Verhalten.

Die Erweiterung von Recht und Moral ins Intergenerationelle und Globale – strikt begründet und nicht als bloße Behauptung[24] – fehlt bei sämtlichen traditionellen Philosophen ganz oder zumindest großenteils. Ebenso wie eine konsequente Begründung eines wie geschildert ausdifferenzierten Freiheitsverständnisses. Meiner Meinung nach wird nicht einmal die vieldiskutierte Grundfrage der Moral: ob denn objektive Moral überhaupt möglich ist, von der Tradition erfolgreich beantwortet, weswegen ich vorliegend eine eigene Fortentwicklung verwendet habe.[25] Übrigens kann man beispielsweise von der religiösen Tradition viel lernen. »Liebe deinen Nächsten wie dich selbst« etwa als (nicht nur) christliche Zentralmaxime transportiert beispielsweise einige zentrale Dinge, wovon mindestens zwei Aspekte für die Energie- und Klimawende sehr lehrreich sind: Die Fernen (also künftige Generationen oder Menschen in anderen Ländern), also die »nicht Nächsten« sind der traditionellen Moral nicht so wichtig. Und auch der friedliche Umgang mit den direkten Mitmenschen ist stets prekär, weil Verteilungsfragen (etwa zwischen Arm und Reich) jederzeit auch gewalttätig gelöst werden können. Deswegen kommen wir gleich noch auf die sozialen Verteilungsfragen der Energie- und Klimawende zurück.

33. Lösen Demokratien oder Ökodiktaturen Langfristprobleme? Konsensdemokratie und die Macht der Energiekonzerne

Es darf Politik und Bürgern also nicht egal sein, wenn künftigen Generationen ein stark verändertes Globalklima und geplünderte Ressourcenvorräte hinterlassen werden. Man könnte jetzt aber ketzerisch fragen: Kann man das mit demokratischen Methoden überhaupt noch abwenden? Zwar ist die gewaltenteilige Demokratie die der Freiheit gemäße politische Organisationsform, wie wir bereits sahen. Das Problem ist nur: Demokratie bildet zwar pluralistisch unterschiedliche Meinungen ab. Das fördert Diskurse um sinnvolle Problemlösungen und schafft damit potenziell besonders durchdachte, ausgewogene Argumente und Konzepte, könnte man sagen. So könnte auch ein Lernprozess möglich werden, der die Eigennutzen- und Moraldimension der Klimawende verdeutlicht – und die emotionale Beschränkung in puncto Nachhaltigkeit zumindest als Problem bewusst macht. Die Demokratie begünstigt aber auch genau diese emotionale Beschränkung: konkret nämlich ein kurzzeitorientiertes Denken in Wahlperioden. Dies gilt umso mehr, als künftige und weit entfernt lebende Menschen die heutigen westlichen Regierungen nicht gewählt haben. Die Hauptbetroffenen sind also weder am gesellschaftlichen Diskurs noch an Wahlen beteiligt und werden damit tendenziell vernachlässigt.

Das Energie- und Klimaproblem birgt jedoch auch die Chance, die Demokratie zu vitalisieren. Denn wenn Demokratie die der Freiheit gemäße politische Organisationsform ist und Freiheitskonflikte etwa beim Energie- und Klimathema räumliche und zeitliche Grenzen überschreiten, wäre ja an sich eine sukzessive Entwicklung hin zu demokratieähnlichen globalen Strukturen erstrebenswert. Einfach nur »Beteiligung von Umweltverbänden« an internationalen Entscheidungen, wie sie verstärkt stattfindet und auch allenthalben gefordert wird, wäre freilich auf Dauer zu wenig an Demokratie. Dagegen wäre ein globaler Energiepolitikansatz, wie er im Kapitel III vorgeschlagen wurde, auch für die nationale und globale Demokratie gut. Er gibt der Politik die Herrschaft über die Wirtschaft zurück und begünstigt, visionär gesprochen, den Einstieg in eine globale, in Ansätzen der EU ähnliche Politikstruktur, die eines Tages auch eine gewaltenteilige Weltdemokratie mit einer Institution ähnlich dem EU-Parlament hervorbringen könnte. Entsprechende, in der EU langjährig erprobte gewaltenteilige und zumindest teilweise dem Mehrheitsprinzip statt dem Konsensprinzip folgende Entscheidungsprozesse wären für die Lösung globaler Probleme ein großer Gewinn. Allerdings ist das aktuell Zukunftsmusik, denn nicht einmal die Einzelstaaten sind bisher überwiegend seriöse Demokratien.

Die Demokratie stößt also beim Energie- und Klimathema an Grenzen. Immer wieder werde ich deshalb bei Vorträgen gefragt, ob nicht eine Ökodiktatur die Lösung wäre. Versteht man darunter die Abschaffung von menschenrechtlicher Freiheit und gewaltenteiliger Demokratie, lautet die Antwort: eindeutig nein. Zwar wird ein demokratischer Politiker, der eine starke Umweltpolitik forciert, die von ihm gewünschte Wiederwahl womöglich gefährden. Doch mit »Ökodiktatur« kommen wir gegen dieses Problem auch nicht an. Die Freiheit dauerhaft und global für alle Menschen kann man nicht sichern, indem man sie abschafft. Auch ein Diktator würde sich außerdem auf seine Weise eigennützig verhalten und den gleichen Emotionen und Normalitätsvorstellungen unterliegen wie andere Menschen auch. Mancher meint mit Ökodiktatur – dann als Kritik und nicht als Forderung – allerdings eher einen Staat, der ohne Abschaffung des freiheitlich-demokratischen Systems als solches dem Bürger Vorschriften macht. Also einen Staat, der beispielsweise fossile Energie gezielt verteuert, wie in Abschnitt 23 vorgeschlagen. Doch dies als Diktatur zu bezeichnen, wäre ziemlich seltsam. Denn es hat nichts mit Diktatur zu tun, wenn der Staat einen Interessenausgleich zwischen den Freiheitssphären verschiedener Bürger vornimmt, wie es Umweltpolitik und überhaupt jede Politik tut. »Diktatur« wäre es in gewisser Weise, wenn der Staat – selbst wenn seine Repräsentanten gewählt sind – in Bereiche eindringt, die keinen anderen, sondern nur mich betreffen, also privat sind. Doch das ist bei der Energie- und Klimawende nicht der Fall (siehe Abschnitt 32).

In Deutschland und der EU ist bisher von einer Ökodiktatur wenig zu sehen. Eher gehen die skizzierten Chancen der Demokratie unter in einem allgegenwärtigen Trend zur verbändedominierten Konsensdemokratie. Politiker unterschiedlicher Richtungen, Verbandsvertreter, Journalisten und Ministerialbeamte formieren sich zunehmend als eine Art Einheitsgruppe, besonders beim Klimaschutz. Man trifft sich zuweilen beinahe wöchentlich auf Tagungen und an Buffets, schätzt sich, kommt häufig persönlich gut klar, ist häufig stark auf Konsens bedacht. Dies gilt umso mehr, als beispielsweise in Ministerien (oder in der EU-Administration) und in Umweltverbänden oft Leute aufeinandertreffen, die durchaus gemeinsame Biografien in puncto Kampf für eine Energie- und

Klimawende aufzuweisen haben. Fehlende Diskurse und Kontroversen verschenken aber gerade die Leistungsfähigkeit des Modells Demokratie – egal, ob die Diskurse von konsensverliebten Klimaschützern oder übermächtigen Energie-Großkonzernen blockiert werden. Niemand kritisiert mehr unmissverständlich, wie vergleichsweise wenig wir trotz des oft guten Willens und vieler guter Konzepte bisher auf dem Weg zu einer Energie- und Klimawende erreicht haben.

Stattdessen erscheint die öffentliche Debatte verstärkt geprägt von einem Sachzwangdenken – man müsse eben dort ansetzen, wo man gerade stehe, so sei eben Politik. Nur verstrickt man sich dabei immer tiefer in Verschlimmbesserungen. Dass klare Argumente – und glasklare Aussagen, als Demokrat bestimmte Positionen nicht zu teilen und gleichwohl am Ende mit ihnen zu leben – eigentlich kein Problem sein können, macht etwa die englische Politik vor, die traditionell stärker auf den offenen Streit verschiedener Positionen orientiert ist. Ebenso fatal ist, dass die kleinteilige Energie- und Klimapolitik so komplex geworden ist, dass nur noch einzelne Experten sie ansatzweise verstehen. Demokratisch diskutiert werden kann sie praktisch nicht mehr. Auch dies würde eine klare Grundausrichtung, wie in Abschnitt 23 vorgeschlagen, ändern. Denn sie kann in der politischen Arena diskutiert werden. Geht man stattdessen dazu über, zentrale Probleme wie Ressourcen- und Umweltfragen zunehmend in Hinterzimmer zu verlagern und die öffentliche Debatte auf leicht verständliche, oft aber weniger wichtige Fragestellungen wie aktuelle Unglücksfälle zu konzentrieren, ist dies für Demokratie eine schwierige Entwicklung.

Ein besonderer korporatistischer Player in westlichen Ländern sind die großen Energieversorgungsunternehmen, die stark mit der Politik verflochten sind. Sie betreiben und schätzen Großkraftwerke und passen damit an sich nicht besonders gut zu einer innovationsfreundlichen Marktwirtschaft mit vielen kleinen Wettbewerbern. Und vor allem haben sie auch in der Politik mit ihren Interessen ein massives Gewicht. Eine stärker dezentrale Energiewirtschaft mit vielen kleinen Erzeugern erneuerbarer Energien (siehe Abschnitt 15) würde ihre Macht brechen. Folgerichtig versuchen die Großkonzerne aktuell in Europa ihre Marktposition etwa durch CCS (die bereits erwähnte Technologie des Carbon Capture and Storage) und neue Kohle- und Atomkraftwerke zu sichern – oder durch riesige Solarparks in den nordafrikanischen Diktaturen, anstatt die riesigen Effizienz- und Erneuerbaren-Energien-Potenziale innerhalb der westlichen Länder selbst voll auszunutzen. Denn nur Großkonzerne können solche Großtechnologien betreiben. Deshalb ist Zentralität versus Dezentralität unter Energie- und Klimagesichtspunkten zwar ein ambivalentes Thema – doch unter demokratischen Gesichtspunkten ist die Antwort eindeutig: pro Dezentralität (Abschnitt 15).

Interessant und wesentlich schwerer zu beantworten ist eine andere Frage: Was wird aus der Demokratie, wenn eine gelingende Energie- und Klimawende tatsächlich (siehe Abschnitt 12 und 13) neben guter Technik auch von Verhaltensänderungen abhängt – und dies dann den Übergang zu einer Zeit nach dem Wachstum herbeiführt?[26] Es ist zunächst eine historische Erfahrung, dass mit dem Entstehen kapitalistischer Wohlstandsgesellschaften tendenziell auch die freiheitliche Demokratie Einzug hält. Dies ist auch wenig verwunderlich. Denn beides bedingt sich wechselseitig: Freiheit ermöglicht wirtschaftliche Aktivität durch rechtsförmige Garantie der Eigentumsrechte; und umgekehrt schafft Wohlstand die Bereitschaft bei allen, friedlich und unter Respektierung der Autonomie aller anderen zusammenzuleben. Beziehungsweise, mehr von den Mächtigeren her gesprochen: Es schwindet die »Notwendigkeit«, den eigenen Reichtum durch autoritäre Herrschaftsformen gegen eine arme Mehrheit zu verteidigen. Zudem sind die liberale Demokratie und die kapitalistische Gesellschaft beide eng mit dem Protestantismus und seinem Arbeits- und Fortschrittsethos verbunden (siehe Abschnitt 18).

Andererseits sind westliche Industriestaaten mittlerweile so reich, dass man sich für diese Staatengruppe – für die der Wachstumsverzicht ja als Erstes greifen müsste – fragen kann, ob wir wirklich, auch wenn der Klimawandel uns hier zum Stagnieren oder zu kleinen Rückschritten zwingt, deshalb gleich den verteilungspolitisch motivierten Bürgerkrieg eröffnen würden. Sarkastisch könnte man die Diagnose, der Wachstumskapitalismus mache friedliche Demokratie möglich, noch etwas anders in Frage stellen: Führen die Industriestaaten und die Oberschichten der Schwellenländer nicht statt Eroberungskriegen heute einfach unseren waffenlosen Klimakrieg gegen südliche Länder und gegen künftige Generationen, denen wir die Folgen des Klimawandels auferlegen?

34. Soziale Verteilungsgerechtigkeit – gestärkt oder geschädigt durch die Energiewende?

Ein schon mehrfach angeklungener Einwand gegen eine ernsthafte Energie- und Klimawende lautet, dass sie schlecht für die sozial Schwächeren sei. Dieser Einwand kann sich auf die Entwicklungsländer beziehen (dazu im folgenden Abschnitt), er kann sich aber auch, und darum geht es jetzt, auf die Lage direkt in Deutschland und ähnlichen Ländern beziehen.

Mit der in Abschnitt 23 propagierten steigenden Bepreisung fossiler Brennstoffe würde in der Tat einiges erst einmal teurer werden. Autos, Urlaubsflüge, große überhitzte Wohnungen, Fleischkonsum beispielsweise, sofern man bei deren Herstellung oder Nutzung fossile Brennstoffe einsetzt und sofern man die Preissteigerung nicht durch mehr Energieeffizienz und/oder einen Umstieg auf erneuerbare Energien auffängt. Soweit es für einzelne Aktionen zu einer Preiserhöhung kommt, trifft das die sozial Schwächeren durchaus in gewisser Weise. Denn in der Tat wirkt etwa der Emissionshandel, da er als Mehrkostenfaktor für Energie und Produkte beim Konsumenten ankommt, tendenziell zulasten der weniger Einkommensstarken. Denn deren finanzieller Spielraum wird wegen des prozentual größeren Anteils der Energiekosten an ihrem Einkommen wesentlich stärker beschnitten als bei Besserverdienenden (auch wenn diese absolut pro Kopf mehr Energie verbrauchen). Dazu kommt noch, dass bestimmte politische Maßnahmen wie beispielsweise das EEG eher die Wohlhabenden begünstigen: Denn sie können sich gegebenenfalls ein Windrad leisten und mit diesem dann Gewinne erwirtschaften, die von der Gesamtbevölkerung per EEG-Umlage getragen werden.

Dennoch ist die Energiewende in der Summe für sozial Schwächere, wie immer man diesen etwas vagen Begriff genau füllt, tendenziell ein Gewinn. Dabei spielen Überlegungen eine Rolle, dass die erwarteten Nachteile gar nicht erst eintreten – und dass sie, wenn sie doch eintreten, kompensiert werden können oder bei einer Gesamtbetrachtung weniger gravierend erscheinen:

• Erstens kann man wie gesagt Preissteigerungen trotz einer ernsthaften Energie- und Klimawende als Einzelner abwenden, indem man auf erneuerbare Energien und Energieeffizienz setzt. Die Energiequellen Wind und Sonne erzeugen etwa Strom schon jetzt zu etwa gleichen Kosten wie neue Kohlekraftwerke.[27] Und von dauerhaft preisstabilen und sicheren Energieversorgungsstrukturen profitieren auch die sozial Schwächeren. Umgekehrt läuft man mit kurzfristig relativ niedrigen Energiepreisen dank der fossilen Brennstoffe (statt auf erneuerbare Energien und Effizienz zu setzen) gerade in Spiralen der Energiepreissteigerung hinein. Auf Dauer also würde das Setzen auf fossile Brennstoffe unsozialer, weil viel teurer sein.

- Zweitens schafft Klimapolitik tendenziell dauerhaft Arbeitsplätze, was zur Lösung sozialer Verteilungsfragen gerade von Vorteil ist. Noch einmal: Die Energie- und Klimawende zu vollziehen, ist und bleibt ökonomisch bei weitem sinnvoller, als sie zu unterlassen (siehe Abschnitt 6).

- Drittens können (siehe Abschnitt 23) die staatlichen Einnahmen aus gezielt erhöhen fossilen Brennstoffpreisen zu Zwecken der sozialen Abfederung eingesetzt werden (nach der dort vertretenen Auffassung allerdings besser in Entwicklungsländern, die sich im Gegenzug an dem System beteiligen könnten). Ein solcher Finanztransfer, man könnte auch von Ökobonus sprechen, reizt übrigens auch nicht zur Erhöhung des Energieverbrauchs. Zwar heißt mehr Wohlstand tendenziell immer auch: mehr Energieverbrauch. Doch ist der Treibhausgasausstoß durch das Emissionshandelsmodell ja gedeckt.

- Viertens würde den sozial Schwächeren nützen, dass der Finanztransfer in den globalen Süden dort die sozialstaatliche Entwicklung stimulieren, damit einen globalen Wettlauf um die niedrigsten und damit billigsten Sozialstandards bremsen und so den westlichen Sozialstaat stabilisieren würde.

- Fünftens könnten die Folgen des Klimawandels selbst deutlich massivere soziale Verteilungswirkungen auslösen als schrittweise erhöhte Preise für die fossilen Brennstoffe – die Debatte ist insoweit einseitig auf das Hier und Heute verkürzt.

- Sechstens wird oft ausgeblendet, dass Deutschland im Weltmaßstab ein reiches Land ist (welches tendenziell immer noch reicher wird). Wir klagen also auf hohem Niveau.

- Man kann auf all dies zu erwidern versuchen, dass sozial Schwächere dennoch die oben als Erstes genannte Option, durch mehr Effizienz und mehr erneuerbare Energien den Energiepreissteigerungen zu entkommen, zuweilen nicht hätten. Denn ohne Kapital kann man eben schlecht einen energieeffizienten Kühlschrank kaufen. Sozial Schwächere würden deshalb tatsächlich zu Verhaltensänderungen gedrängt. Auch dieser Einwand stimmt jedoch dann nicht, wenn man etwa durch eine Anpassung des ALG II oder durch eine partielle Auszahlung des Ökobonus auch in westlichen Industriestaaten dieses Problem auffängt. Und selbst wenn man dies nicht täte, bleibt ein siebter Gesichtspunkt, warum die Energie- und Klimawende nicht einfach als unsozial gebrandmarkt werden kann: Auch ohne Energie- und Klimapolitik kann sich nicht jeder einen Ferrari oder einen Flug nach Teneriffa leisten. Und es gibt auch kein allgemeines Recht darauf, alles jederzeit zu haben, notfalls auch auf Kosten anderer Menschen angesichts der Folgen des bisherigen Lebensstils. Das in Abschnitt 30 und 31 entwickelte Gerechtigkeitskonzept macht zudem deutlich, dass der Politik nur ein Rahmen vorgegeben ist, nicht aber beispielsweise eine genaue sozioökonomische Verteilungsordnung.

Demgegenüber unterläuft der bisherigen Politik des Zusammenbringens von Umwelt und Sozialem ein Kardinalfehler: Man glaubt, »etwas weniger Umweltpolitik« sei die beste Art, die sozial Schwachen zu entlasten. Hiergegen setze ich das Prinzip: ernsthafte Umweltpolitik, teilweise gegen finanziellen Ausgleich für die sozial (wirklich) Schwachen.[28] Diese ernsthafte Umweltpolitik ist nicht nur wirtschaftlich sinnvoll, sondern kann auch aus der EU gestartet werden, es gibt dafür stimmige Strategien (siehe Abschnitt 25). Ein weiterer Weg, sich zu verzetteln, zeigt die aktuelle Diskussion über die Frage, ob die EEG-Umlage (siehe Abschnitt 24) mehr von Unternehmen oder mehr von den stromverbrauchenden Bürgern getragen werden soll. Belastet man die Unternehmen stärker, verteuern diese eben ihre Produkte entsprechend, und wieder landen die Kosten wenigstens teilweise beim Verbraucher.

35. Globale Verteilungsgerechtigkeit: Ist die Energie- und Klimawende »kulturimperialistisch«?

Die Frage, ob eine ernsthafte Energie- und Klimawende soziale Verteilungsprobleme erzeuge, kann man im globalen Maßstab wiederholen. Ist es nicht völlig abwegig, die Entwicklungsländer bereits heute klimapolitisch auf langfristige Emissionsobergrenzen festzulegen, wie es in Abschnitt 23 angesprochen wurde? Die globalen Klimaverhandlungen gehen wie gesagt eher dahin, diese Länder nicht auf konkrete Reduktionsziele zu verpflichten, sondern nur relativ abstrakte Vorgaben zu machen. Dies ist jedoch bei näherem Besehen keine sehr gute Idee. Das im Abschnitt 23 vorgeschlagene Modell bezieht dagegen die Entwicklungsländer ein und sieht dafür Kompensationszahlungen vor. So wird die wirtschaftliche Entwicklung in die klimapolitisch richtige Richtung gelenkt und zugleich finanziell ermöglicht. Wie gesagt, kann das Modell entweder unter Beteiligung einiger südlicher Länder primär als EU-Vorreitermaßnahme oder sogleich aller Entwicklungsländer im Sinne eines umfassenden globalen Klimavertrags gedacht werden. Warum also ist das Modell der globalen sozialen Verteilungsgerechtigkeit dienlich und nicht etwa abträglich?

• Jedenfalls das vorliegend verfolgte globale Energie- und Klimaschutzkonzept nützt aufgrund des Finanztransfers gerade der wirtschaftlichen und zugleich klimaverträglichen Entwicklung und der Armutsbekämpfung – sowie der

Klimawandelfolgenbekämpfung – in den beteiligten Entwicklungsländern. All das können unterfinanzierte, vage ausgestaltete, zudem eher den südlichen Oberschichten nützende Einrichtungen von Fonds, die bisher die internationale Klimapolitik prägen und aus denen Gelder der Industriestaaten für die Entwicklungsländer bereitgestellt werden, nicht leisten.

• Zudem würden mit einer entschlossenen Bekämpfung des Klimawandels dessen verheerende soziale Folgen in Nord und Süd vielleicht doch noch abgewandt, deren schlimmste Form sich jetzt bereits abzeichnet: Migrationsströme und Verteilungskriege um Ressourcen wie Wasser, die infolge des Klimawandels knapp werden.

• Auch eine weltweite und dauerhafte Grundversorgung mit bezahlbarer Energie sowie die Schaffung von Arbeitsplätzen in bestimmten Zukunftsbranchen werden durch das Modell gerade ermöglicht, ebenso wie eine dauerhaft friedliche Welt.

• Ein globaler Klimaschutz mit Finanztransfer ermöglicht zugleich, wie im letzten Abschnitt schon kurz anklang, die Annäherung an globale Sozial- und Umweltstandards auch jenseits des Klimaschutzes. Entgegen einer speziell unter Ökonomen verbreiteten Ansicht[29] ist ein unreglementierter Freihandel, in den auch die einzelnen Nationalstaaten wegen des drohenden Dumpingwettlaufs um die niedrigsten ökosozialen Standards kaum noch durch politische Vorgaben einzugreifen versuchen, keineswegs erstrebenswert. Zwar dürfte in der Tat zutreffen, dass ein globaler Freihandel zu internationaler Arbeitsteilung führt und damit oft wohlstandsfördernd wirkt.[30] Das spricht jedoch keineswegs gegen politische Leitplanken, wie sie ein globales Klimakonzept einschließlich seiner gewollten sozialpolitischen Ausbalancierungen setzt. Bereits aus der Geschichte ist bekannt, dass im Nationalstaat der Kapitalismus erst an dem Punkt für die breiten Massen vorteilhaft wurde, als es (im Laufe des 20. Jahrhunderts) zu einer politischen Regelsetzung und damit zur sozialen Marktwirtschaft kam. Genau dazu dient das vorgeschlagene globale Klimamodell. Kurz gesagt, müsste der globale Freihandel von der EU lernen: Der unter dem Namen Welthandelsorganisation (WTO) geschaffene freie Weltmarkt müsste den Weg von einer ursprünglich reinen Freihandelszone zu einem ökologisch-sozial aufgewerteten politischen Raum beschreiten.[31]

• Sofern man den globalen Klimaschutz so ausgestaltet, dass man die zulässige Emissionsmenge nicht dynamisch mit einer wachsenden Weltbevölkerung wachsen lässt, sondern die Emissionen auf dem heutigen Bevölkerungsstand einfriert, könnte man allerdings einen Nachteil gerade für die ärmsten Länder sehen, die meist ein hohes Bevölkerungswachstum haben. Ich habe ein solches Einfrieren früher selbst propagiert, favorisiere inzwischen jedoch ein anderes Vorgehen: Besser orientiert man die vorgegebene Emissionsmenge pro Kopf nicht am heutigen, sondern am künftigen Bevölkerungsstand – und sieht dann folgerichtig ein strengeres Endziel pro Kopf weltweit vor. So privilegiert man nicht die Industriestaaten, und man gibt tatsächlich allen Menschen gleiche Emissionsrechte.

• Die im Konzept des Abschnitts 23 vorgesehenen überproportionalen Pro-Kopf-Emissionsrechte für die Entwicklungsländer (und der Einstieg mit zunächst moderaten Pro-Kopf-Zielen) führen dazu, dass die Schwellenländer wie China, die heute schon über der dauerhaft tragbaren Emissionsmenge liegen, trotzdem vorläufig Emissionsrechte verkaufen und damit Einnahmen, also den gewünschten Finanztransfer, generieren können. Notfalls könnte man außerdem überlegen, entgangene Gewinne der Kohle- und Ölexportländer wie Indien, Russland oder Saudi-Arabien durch weitere Extraemissionsrechte (und entsprechend geminderte Emissionsrechte westlicher Industriestaaten) auszugleichen. Denn diese Gewinnerwartungen sind eines der Haupthindernisse für ein einschneidendes globales Klimaabkommen, wie sich unschwer daraus ersehen lässt, dass die betreffenden Länder ein besonders geringes Interesse an einem solchen Abkommen zeigen.

Ein noch stärkeres oder gar ein vollständiges Abgelten vergangener historischer Emissionen der Industriestaaten wird allerdings als ergänzende Forderung der Entwicklungsländer immer wieder ins Spiel gebracht. Dies drücken die Extraemissionsrechte auch aus, allerdings nicht in voller Höhe, und zwar aus gutem Grund. Man kann nicht ohne weiteres sagen, dass die Industriestaaten genau den in der bereits freigesetzten Treibhausgasmenge liegenden »Vorteil« genossen hätten. Länder wie China oder Indien profitieren ihrerseits von diesen »Vorteilen«, denn durch Import der im Westen entwickelten Wirtschaftsformen und Technologien können sie nun vergleichsweise rasch ein akzeptables Wohlstandsniveau erreichen. Außerdem führt die Berücksichtigung der historischen Emissionen – und die Frage, wie hoch diese denn nun genau waren – in eine komplexe Diskussion, welche Vor- und Nachteile die verschiedenen Länder durch die komplexen welthistorischen Entwicklungen der letzten Jahrhunderte gehabt haben mögen. Am wichtigsten erscheint jedoch Folgendes: Historische Emissionen beziehen die Vor- und Nachteile bereits verstorbener Individuen ein; damit werden Nationen als Kollektive betrachtet. Wenn der oben dargelegte Gerechtigkeitsansatz mit seiner Zentrierung auf die Freiheit und seine Begründung von der Autonomie des Einzelnen (einschließlich des Einstehenmüssens für die eigenen freien Entscheidungen) zutrifft, ist dies jedoch mindestens fraglich.

Einige Alternativvorschläge[32] zum vorliegend verfolgten Gesamtkonzept, wenn sie nicht wie häufig bloß eine Art bescheidene Fortschreibung von Kyoto sind, legen zwar gleiche Emissionsrechte zugrunde, wollen diese aber anhand von historischen Emissionen und geografischen Gegebenheiten, bereits vorhandener Energieversorgung und der ökonomischen Struktur der einzelnen Länder modifizieren. Dies wäre zu kompliziert und würde einen enormen bürokratischen Aufwand nach sich ziehen. Wie will man etwa die Vor- und Nachteile verschiedener geografischer Gebiete treffend und abschließend gegeneinander abwägen? Es wiederholen sich zudem andere Probleme, die bei den historischen Emissionen eben erwähnt wurden. Auch der zuweilen von den Umweltverbänden diskutierte Greenhouse-Development-Rights-Ansatz, der das (so ziemlich missverständliche) Recht auf Entwicklung zum zentralen Aspekt der Klimagasreduktion macht, ist keine überzeugende Alternative.[33]

Autokraten weltweit brandmarken immer gern den »westlichen Kulturimperialismus«, wenn man mit den Menschenrechten argumentiert. So wird mir, wenn ich alle paar Jahre für eine größere Zahl von Vorträgen in China bin, genau dies regelmäßig vorgehalten. Doch der eben dargestellte moralisch-rechtsprinzipielle Universalismus ist ebenso wenig »kulturimperialistisch« wie die Idee einer globalen Klimawende mit gleichen Pro-Kopf-Emissionsrechten. Zunächst einmal: Die Idee gleicher Emissionsrechte wurde politisch erstmals von den Regierungen Pakistans und Indiens erhoben, also von Ländern des globalen Südens. Aber auch jenseits dessen überzeugt mich die oben genannte Kritik an dem geäußerten Konzept nicht.[34] In jedem Fall ist die gegebene Herleitung keine »von außen auferlegte« oder gar »religiöse« Vorgabe. Vielmehr geht es um eine Rekonstruktion dessen, was der Mensch logisch voraussetzt, wenn er lebt – und dabei zumindest gelegentlich in Gründen spricht. Das Gesagte impliziert auch deshalb keinen Kulturimperialismus, weil (erhebliche) Abwägungsspielräume zwischen kollidierenden Freiheitssphären für die Politik verbleiben. Außerdem bleibt der Bereich des guten Lebens, der sich dadurch auszeichnet, dass eben nicht die Freiheit mehrerer betroffen ist, nach der gesamten Herleitung völlig von einer Regulierung frei. Ferner sagt niemand, der hier vorgestellte Ansatz sei unfehlbar; natürlich ist er kritisierbar und offen für neue Einsichten; das gilt für jede Art von Erkenntnis, auch für naturwissenschaftliche Erkenntnis. Nur heißt Fallibilität eben nicht Subjektivität oder Beliebigkeit. Außerdem erfordern globale Probleme wie die Weltarmut (oder auch der Klimawandel) einfach Maßnahmen jenseits des nationalstaatlichen Horizonts. Abgesehen davon: Freiheit ist einfach das Grundprinzip der Menschenrechte – und sollen die Menschenrechte von einer Anerkennung durch Diktatoren abhängen?

Das Gesagte kann auch nicht durch einen Angriff auf die Emissionsgleichverteilungsidee respektive die Freiheitstheorie dahingehend kritisiert werden, dass man sagt: »Rein faktisch kommen Freiheit und Demokratie aber eben doch aus dem Westen« – oder »rein faktisch gibt es doch ganz verschiedene Vorstellungen davon, was rational ist«. Denn ein faktischer Entstehungshintergrund sagt, wie alle Faktenaussagen, nichts darüber, was ethisch und rechtlich richtig ist. Fakten und Normen sind wie gezeigt zweierlei.[35]

36. Energie- und Klimawende als trauriger Verzicht – oder als Gewinn fürs gute Leben?

Wer eine wirkliche Energie- und Klimawende fordert, propagiert wie mehrfach gesehen auch Verhaltensänderungen, da ausschließlich technische Ansätze voraussichtlich nicht ausreichen werden. Es wird auch darum gehen, in manchen Punkten anders zu leben – ohne fossile Brennstoffe eben. Wobei nur ein Wechselspiel verschiedener Akteure, wie in Abschnitt 20 skizziert, diesen Wandel auf den Weg bringen kann. Das wird sehr schwierig. Insbesondere auch deshalb,

weil Verhaltensänderungen den Weg in eine Postwachstumsgesellschaft weisen könnten, was massive Klärungsbedarfe
erzeugt (siehe Abschnitt 13). Es könnte sein, dass die Menschheit daran scheitert. Mit existenziell verheerenden Folgen.
Die faktische Durchsetzung eines Wandels könnte deutlich
erleichtert werden, wenn sich viele Menschen davon mehr
Glück und Zufriedenheit versprechen. Das legt eine Befas-
sung mit der Frage nahe: Stimmt es überhaupt, dass der momentan in den Industriestaaten und den Oberschichten der
Schwellenländer gepflegte Lebensstil glücklich macht? Die
Frage nach dem richtigen (!) Weg zum Glück ist anders als
die Frage nach der Moral in einer freiheitlichen Gesellschaft
keine objektiv für alle Menschen beantwortbare Frage, weil
hier nicht die Freiheit mehrerer Menschen betroffen ist, und
damit jeder für sich seine Maßstäbe bilden kann. Dagegen ist
die Frage, was uns faktisch glücklich macht, als rein empirische Frage beantwortbar. Leicht ist aber auch das nicht.

Die gesellschaftliche Diskussion darüber, ob unser Wohlstand wirklich glücklich macht, ist ziemlich merkwürdig, soweit sie denn überhaupt stattfindet. Offen für das Thema ist
in den Industriestaaten nur ein kleiner, relativ abgeschlos-
sener Personenkreis, jedenfalls dann, wenn man nicht rein
verbale Bekundungen zählt, sondern zumindest eine gewisse Umsetzung im eigenen Verhalten erwartet. Für jenen
kleinen Personenkreis[36] scheint fraglos ausgemacht, dass der
Menschheit nichts Besseres passieren könnte als weniger
Orientierung an materiellen Dingen. Konsumismus und Leis-
tungsgesellschaft machten unglücklich, kann man die Bot-
schaft leicht überspitzt zusammenfassen, glücklicher sei dagegen, wer sich auf ideelle Dinge konzentriere, viel Zeit mit
Freunden und Familie verbringe und am besten in einer
Kommune wohne. Auf jeden Fall mache materieller Wohlstand nicht glücklich. Wenn das stimmt, ist eine Energie- und
Klimawende, die auch mit Verhaltensänderungen operiert,
ein regelrechtes Glücksprogramm für Gesellschaften. Im rea-

len Leben folgt demgegenüber der allergrößte Teil der Bewohner westlicher Industriestaaten sowie die Oberschicht der Schwellenländer der Devise: mehr materieller Wohlstand und Konsum sind im Zweifel immer gut. Auch wenn viele nicht so reden, weist der reale Kauf von Produkten und Dienstleistungen in diese Richtung. Man merkt es oft nur nicht – weil alle um einen herum ebenfalls eine große Wohnung, viel Unterhaltungselektronik, ein hochmodernes Auto und regelmäßige Fernreisen haben. Wie geht man mit dieser Diskrepanz um? Nötig erscheint eine differenzierte Perspektive:

• Glück und Zufriedenheit hängen ab von den zwei Relationen »Was möchte ich versus was habe ich« und »Was habe ich in Relation zu den anderen in meiner Umgebung«.[37] Stellt man dies in Rechnung, braucht man nicht länger darüber zu streiten, ob Reichtum nun glücklich macht oder doch vergleichsweise Arme in den Entwicklungsländern genauso glücklich sein können wie wir – es kann beides zutreffen. Einerseits misst man sich gern an seiner Umgebung und kann deshalb, solange keine existenzielle Not herrscht, mit ganz unterschiedlichen Güterausstattungen gleichermaßen zufrieden sein, solange es einigermaßen konform geht mit dem, was andere in Sichtweite haben. Umso mehr gilt das, als man sich ja nicht zwangsläufig sehr weitreichende materielle Ziele stecken muss. Andererseits ist es eben auch sehr menschlich, sich zu freuen, besser dazustehen als andere – wobei dann wiederum nicht der absolute Reichtum das Entscheidende ist, sondern die gute eigene Situation verglichen mit anderen Leuten. Es könnte zwar sein, dass dies in westlichen Kulturen ausgeprägter auftritt, dass das Phänomen aber nur hier auftritt, kann man kaum behaupten. Denn letztlich wurzelt ein solches Streben nach Sichtbarkeit auch im basalen menschlichen Wunsch nach Anerkennung.

- Für das menschliche Glück in der Energie- und Klimawende heißt das zunächst: Wenn wir uns alle gemeinsam
umstellen, wäre auch ein materielles Weniger für die
Menschen in den Industriestaaten vielleicht gar nicht so
unangenehm fühlbar, sofern es eben alle betrifft und anders als in den Eurokrisenländern seit 2010 nicht zu ab-
rupt auftritt. Angesichts des Strebens vieler nach einem
Mehr gegenüber anderen ist es aber sehr schwierig, einen
solchen Prozess zu realisieren. Und selbst wenn es ge-
länge, würde das Ganze eben doch kaum »alle« glücklich
machen.

- Allerdings gibt es in Zukunft einen neuen Aspekt, der die
Glücksförderlichkeit der Energie- und Klimawende verstärkt nahelegt: Obwohl der »wirkliche« Globalisierungs-
druck auf die Industriestaaten wohl erst noch bevorsteht,
sobald die südlichen Länder umfassender konkurrenzfähig
sind, prägt die Globalisierung schon heute immer mehr
das Alltagsleben, und dies nicht nur durch eine zunehmende Produktvielfalt. Auch wenn die formale Freiheit in
westlichen Gesellschaften immer größer wird, kommt der
»Sachzwang« eines globalen Wettbewerbs zunehmend
beim einzelnen Arbeitnehmer an, selbst in den reichen
westlichen Ländern. Dabei setzt uns die ökonomische Situation immer stärker unter Druck und bewirkt eine zunehmende »Kolonialisierung«[38] des vormals »privaten«
Lebensumfeldes durch Arbeit und wirtschaftliche Gesichtspunkte. Bald fragen wir uns vielleicht: Warum eigentlich
noch abends in die Kneipe gehen oder in Urlaub fahren,
wenn man sich in dieser Zeit auch weiterbilden oder arbeiten könnte? Nun kann man auch solche Umstände – wir
erleben es täglich – durchaus als eine Art Kick und zunächst als sogar glücksförderlich erleben. Dass der Mensch
als endliches Wesen hier einer unendlichen Spirale auf-
wärts der Leistungsanforderungen folgen kann, ist dennoch zweifelhaft.

- Noch drastischer dürfte ein weiterer absehbarer künftiger Aspekt sein: Dass Kriege um schwindende Ressourcen, Naturkatastrophen und ähnliche Klimawandelfolgen definitiv unglücklich machen werden, kann man jedenfalls mit allem Nachdruck festhalten.
- Unser neuzeitliches Problem in einer zunehmend »postreligiösen« Zeit, dass wir eines Tages sterben werden und dass wir unserem Leben selbst einen Sinn geben müssen, werden wir allerdings weder durch Konsumismus noch durch eine strikte Postwachstumsorientierung, mögen sie manchem vielleicht auch zeitweise als Sinngebung und Orientierung erscheinen, lösen.

Von paradiesischen Glücksverheißungen sollte man sich beim Verfolgen der Energie- und Klimawende somit ebenso fernhalten wie von der grotesken Vermutung, dass sie das Ende eines befriedigenden menschlichen Lebens wäre. Eher spricht einiges für das Gegenteil, auch wenn der Befund ein gemischter bleibt. Und es bleibt das erwähnte ungelöste Problem (neben allen anderen Neigungen der menschlichen Emotionalität wie Bequemlichkeit oder Verdrängung): das menschliche Streben nach dem Mehr und nach Anerkennung. Die Frage ist hier letztlich, ob es uns auf Dauer gelingt, dieses Streben auch ohne den ständigen Wunsch nach materieller Außendarstellung auszuleben.

Sicher brauchen Menschen immer Anerkennung – durch andere und durch sich selbst. Diese kann aber eben nicht nur aus einem immer weiter gesteigerten Warenkonsum zustande kommen, sondern auch daraus, dass wir es schaffen, über uns selbst hinauszuwachsen und das zu leisten, was Menschen eigentlich gerade von Tieren unterscheidet: nämlich lernfähig zu sein. Und es ist vielleicht gerade besonders erfüllend, dass wir das sind. Optimistisch gesprochen, heißt Glück vielleicht vor allem: Lernfähig sein, gesund sein, Zeit haben, dazulernen, sich weiterentwickeln. Der Sonnenschein, die Menschen, die Jahreszeiten, die Natur, die innere Ruhe können womöglich mehr Glück spenden, als sich selbst mit immer neuen Einkäufen für das stressige eigene Leben zu entschädigen. Das alles kann man so sehen. Unser Problem in westlichen Gesellschaften und in den uns nacheifernden Bevölkerungsschichten weltweit ist allerdings, dass wir das häufig dann wohl doch nicht so sehen.

Gelingen wird die Energie- und Klimawende voraussichtlich nur dann, wenn das Wechselspiel des gesellschaftlichen Wandels diese Fragen schnell genug erreicht. Viel Zeit bleibt dafür voraussichtlich nicht mehr. Doch haben wir auch gesehen: Eine ernsthafte Energie- und Klimawende ist nicht eine Bedrohung, sondern eine große Chance für unsere Freiheit. Sie ist eine wirtschaftliche Herausforderung, aber auch diesbezüglich überwiegen die Chancen. Und sie ist eine starke ethische und rechtliche Verpflichtung. Und es besteht keinerlei Anlass, immer auf die anderen zu zeigen, statt selbst aktiv zu werden. Als westliche Gesellschaften und gerade als Europäische Union werden wir durch unser Tun und Lassen wesentlich darüber entscheiden, ob wir beim Energie- und Klimathema Erfolg haben werden oder scheitern. Wir haben unsere Zukunft selbst in der Hand.

Anhang

Anmerkungen

Die nachstehend zitierten Texte geben eine kleine Auswahl aus vielen weiteren Publikationen zu den behandelten Themen, und sie zitieren regelmäßig vielfältige andere Literatur. In diesem Sinne wird zum Beispiel nachstehend oft auf eigene Publikationen zurückgegriffen, die den Literaturstand zu einer Frage schon einmal aufgearbeitet haben. Da sich zu vielen Fragen der Fachdiskurs aktuell auf ältere Konzepte bezieht (nicht immer explizit), wird teilweise älteren Nachweisen der Vorzug gegeben. Für einen generellen Hinweis siehe die erste Anmerkung. Als letztes Aufrufdatum der Internetlinks gilt durchgängig der 10. August 2014.

Vorwort und Kerngedanken des Buches

1 Vgl. für den an einer streng fachwissenschaftlichen Abhandlung der vorliegenden Themen interessierten Leser zu allen Bereichen Felix Ekardt: Theorie der Nachhaltigkeit: Rechtliche, ethische und politische Zugänge – am Beispiel von Klimawandel, Ressourcenknappheit und Welthandel, 3. Aufl. (bzw. 2. Aufl. der Neuausgabe), Baden-Baden 2014. Dort finden sich auch ausführliche Literaturnachweise zum gesamten Buch.

2 Die geschilderten Friktionen zeigen sich auch in einem durchaus hilfreichen Werk wie Gerd Rosenkranz: Energiewende 2.0, Aus der Nische zum Mainstream, Berlin 2014.

3 Aus ähnlichen Gründen werden einige beliebte Begriffe wie »Potenzial« und »Bedarf«, die bei näherem Besehen einen weitgehend unklaren Inhalt haben, in der Regel nicht verwendet.

I
Ausgangspunkte der Energiewende: Klimawandel, Wirtschaftlichkeit und vermeintliche Vorreiter

1 Entgegen verbreiteter Meinung (trotz der Unterschätzung einiger technischer Möglichkeiten sowie der damaligen Unkenntnis einiger Umweltprobleme wie des Klimawandels) in den Grundzügen unverändert aktuell Dennis Meadows: Die Grenzen des Wachstums, Hannover 1972.

2 Eher im journalistischen Stil auch zu verschiedenen Beobachtungen rund um die Energie- oder vielmehr Stromwende Hannes Koch/Bernhard Pötter/Peter Unfried: Stromwechsel: Wie Bürger und Konzerne um die Energiewende kämpfen, Frankfurt am Main

2012. Ebenfalls stärker in einer tagespolitischen Perspektive Ulrich Bartosch/Peter Hennicke/Hubert Weiger (Hg.): Gemeinschaftsprojekt Energiewende: Der Fahrplan zum Erfolg, München 2014.

3   Vgl. zur Historie teilweise Hartwig Berger: Der lange Schatten des Prometheus. Über unseren Umgang mit Energie, München 2009.

4   Vgl. zur Umweltgeschichte Joachim Radkau: Natur und Macht. Eine Weltgeschichte der Umwelt, München 1999; Joachim Radkau: Die Ära der Ökologie: Eine Weltgeschichte, München 2011.

5   Vgl. dazu auch Peter Hennicke/Paul Welfens: Energiewende nach Fukushima: Deutscher Sonderweg oder weltweites Vorbild?, München 2012.

6   Vgl. etwa zusammenfassend zur Peak-Oil-Diskussion Felix Ekardt/ Nina Hehn: Bauplanungsrecht, Nachhaltigkeit und Peak Oil, in: Zeitschrift für Umweltrecht 2011, Heft 9, S. 413–421.

7   Vgl. für den aktuellen Stand der Klimaforschung den vierten und fünften Sachstandsbericht des IPCC 2007 und 2014.

8   Exemplarisch für alles Folgende Björn Lomborg: Cool it! Warum wir trotz Klimawandel kühlen Kopf bewahren sollten, München 2007.

9   Klassisch zur ökonomischen Schadensberechnung des Klimawandels Nicholas Stern: Stern Review Final Report, London 2006 und Nicholas Stern: A Blueprint for a Safer Planet. How to Manage Climate Change and Create a New Era of Progress and Prosperity, London 2009.

10 Siehe etwa den vierten Sachstandsbericht des IPCC, Tabelle SPM.5.

11 Vgl. die Schlussfolgerungen des Rats (Umwelt) vom 02. März 2009, abrufbar unter: http://register.consilium.europa.eu/pdf/de/09/st07/ st07128.de09.pdf.

12 Jedenfalls eine Null-Emissions-Energiewirtschaft bis 2050 wird auch in einer Entschließung von Managern großer Energiekonzerne vom April 2009 ins Auge gefasst; vgl. etwa die taz vom 10.04.2009.

13 Exemplarisch hierfür das (in vielen Hinsichten nützliche) Buch von Rosenkranz, Energiewende.

14 Siehe dazu beispielsweise die Auswertungstabellen für die Energiebilanz der Bundesrepublik Deutschland 1990–2012.

15 Vgl. zum Folgenden klassisch die obigen Nachweise von Stern; ferner Claudia Kemfert: Die andere Klima-Zukunft. Innovation statt Depression, Hamburg 2008; Hennicke/Welfens, Energiewende, ab S. 49; Rosenkranz, Energiewende.

16 Siehe für nähere Einzelheiten etwa Rosenkranz, Energiewende.

17 Zu entsprechenden Berechnungen siehe: www.bmub.bund.de/

presse/pressemitteilungen/pm/artikel/340000-arbeitsplätze-durch-erneuerbare-energien.

18 Siehe neben Stern auch die Nachweise in den vorstehenden Anmerkungen.

19 Siehe schon den Bericht in www.spiegel.de/wissenschaft/natur/klimawandel-golfstrom-hat-sich-stark-abgeschwaecht-a-387715.html.

20 Es gibt leicht divergierende Zahlenangaben; vgl. etwa Lutz Wicke/Peter Spiegel/Inga Wicke-Thüs: Kyoto PLUS. So gelingt die Energiewende, München 2006, ab S. 62; Ekardt, Theorie, § 1 B. I.

21 Siehe bereits den Nachweis eingangs der Aufzählung im Fließtext und ferner für die amtlichen Daten www.umweltbundesamt.de/daten/klimawandel/treibhausgas-emissionen-in-deutschland.

22 Näher zum CDM Felix Ekardt/Anne-Katrin Exner: The Clean Development Mechanism as a Governance Issue, in: Carbon & Climate Law Review 2012, Issue 4, S. 396–407.

II
Maßnahmen der Energiewende: Technische Lösungen oder Änderung unseres Lebensstils?

1 Vgl. für ergänzende Nachweise zu den nachstehenden Punkten – neben den Nachweisen in den Abschnitten 4 und 6 zu schon dort erläuterten Aspekten – auch Hennicke/Welfens, Energiewende, S. 49; siehe ferner die Erläuterungen im Energie- und Klimakonzept für Sachsen, das der BUND Sachsen im Frühjahr 2014 publiziert hat (www.bund-sachsen.de). Zu den Gutachten des SRU siehe www.umweltrat.de.

2 Siehe zu diesem geflügelten Wort allein die vielen Nachweise – einschließlich der Gegner der These – unter www.google.de/#q=Renaissance+der+Atomenergie.

3 Vgl. für einige Aspekte näher Hennicke/Welfens, Energiewende, ab S. 21.

4 Vgl. ergänzend noch die Studien vom Solarenergie-Förderverein, abrufbar unter www.sfv.de; Hermann Scheer: Energieautonomie: Eine neue Politik für erneuerbare Energien, München 2005.

5 Zu den Ambivalenzen schon Felix Ekardt/Andrea Schmeichel/Mareike Heering: Europäische und nationale Regulierung der Bioenergie und ihrer ökologisch-sozialen Ambivalenzen, Natur und Recht 2009, S. 222; Ekardt, Theorie, § 6 E. V.; OECD, Conduction Sustainability Assessments, 2008; Sachverständigenrat für Umweltfragen, Sondergutachten Biomasse, 2007; Kommission Bodenschutz, Bodenschutz beim Anbau nachwachsender Rohstoffe, Dessau 2008.

Zur ebenfalls umstrittenen Windenergie etwa Guido Wustlich in Zeitschrift für Umweltrecht 2006, Hefte 1 und 3, S. 16–24 bzw. 122–130. Siehe ferner zusammenfassend zum Stand der Problematik das Energie- und Klimakonzept für Sachsen, das der BUND Sachsen im Frühjahr 2014 publiziert hat (www.bund-sachsen.de). Dass die langfristige Nutzbarkeit europäischer Böden ernstlich gefährdet ist, ist ein bisher auch in Fachkreisen nur selten wahrgenommenes Problem. Die Kommission Bodenschutz beim Umweltbundesamt im Geschäftsbereich der Bundesregierung, der der Verfasser angehört, bearbeitet diese Problematik seit längerem.

6 Vgl. etwa Clark Gellings (Hg.): Efficient Use and Conservation of Energy in Encyclopedia of Life Support Systems (EOLSS), EOLSS Publishers 2004.

7 Dazu zum Teil der Bericht über die Förderung von Anbaupflanzen für andere als Nahrungs- oder Futtermittelzwecke des Ausschusses für Landwirtschaft und ländliche Entwicklung und Entwurf einer Entschließung des Europäischen Parlaments vom 24. 02. 2006, 2004/2259 (INI), www.europarl.europa.eu/sides/getDoc.do?pubRef=-//EP//TEXT+REPORT+A6- 0040+0+DOC+XML+V0//DE.

8 Dazu einerseits Franz-Josef Radermacher unter: www.globalmar shallplan.org/sites/default/files/imce/download_files/121213%20 Klimapolitik%20nach%20Doha.pdf, und andererseits Felix Ekardt/ Bettina Hennig/Anna Hyla: Landnutzung, Klimawandel, Emissionshandel und Bioenergie, Münster 2010.

9 Klassisch dazu immer noch Ernst-Ulrich von Weizsäcker/Amory Lovins/Hunter Lovins: Faktor 4: Doppelter Wohlstand, halbierter Naturverbrauch, München 1995.

10 Siehe für eine Gesamtbetrachtung Martin Pehnt (Hg.): Energieeffizienz. Ein Lehr- und Handbuch, Berlin 2010.

11 Ausführlich auch zum Gebäudesektor zum Beispiel der Abschlussbericht in einem 2014 endenden Projekt, geleitet von Felix Ekardt, für das Umweltbundesamt bzw. Bundesumweltministerium.

12 Dazu näher Tim Jackson: Wohlstand ohne Wachstum. Leben und Wirtschaften in einer endlichen Welt, München 2011 (auch generell auf Umwelt- und Ressourcenfragen bezogen). Beim Bundesumweltministerium läuft aktuell zudem ein Forschungsprojekt, welches dem Vernehmen nach zum gleichen Ergebnis kommt.

13 Siehe dazu neben Jackson, Wohlstand; Niko Paech: Befreiung vom Überfluss. Auf dem Weg in die Postwachstumsgesellschaft, München 2012; Angelika Zahrnt/Irmi Seidl (Hg.), Postwachstumsgesellschaft: Konzepte für die Zukunft, Marburg 2010.

14 Siehe etwa den Beitrag vom Umweltbundesamt, Energieverbrauch von Rechenzentren – keine Peanuts, www.umweltbundesamt.de/tags/energieverbrauch.

15 Vgl. zum Folgenden neben der in den letzten Anmerkung genannten Werken auch die Beiträge von Matthias Schmidt, Arno Behrens/Stefan Giljum und Dirk Löhr in der Zeitschrift Forschung für angewandtes Stoffstrommanagement 2005, Jahrgang 3; Ekardt, Theorie, § 1 C.; Herman Daly: Beyond Growth. The Economics of Sustainable Development, Boston 1996; Wuppertal Institut für Klima, Umwelt, Energie: Zukunftsfähiges Deutschland in einer globalisierten Welt, Frankfurt am Main 2008.

16 Vgl. dazu Daly, Growth.

17 Dazu näher Dani Rodrik: Das Globalisierungs-Paradox. Die Demokratie und die Zukunft der Weltwirtschaft, München 2012; Felix Ekardt/Swantje Meyer-Mews/Andrea Schmeichel/Larissa Steffenhagen: Globalisierung und soziale Ungleichheit – Welthandelsrecht und Sozialstaatlichkeit, Düsseldorf 2009; Ekardt, Theorie, § 7.

18 Vgl. beispielsweise zur Kernfusion die Anhörungsergebnisse des Deutschen Bundestages aus der Wissenschaft unter http://dip21.bundestag.de/dip21/btd/14/089/1408959.pdf.

19 Näher zum Folgenden (wie immer mit weiteren Nachweisen) Felix Ekardt/Hilke van Riesten/Bettina Hennig: CCS als Governance- und Rechtsproblem, in: Zeitschrift für Umweltpolitik und Umweltrecht 2011, S. 409–435.

20 Vgl. für sämtliche Nachweise zum Folgenden Felix Ekardt/Justus Wulff: Energiespeicherung und Energieleitungsbau, in: Jahrbuch des Umwelt- und Technikrechts 2012, S. 63–86.

21 Dazu wieder Anmerkung 11.

III
Voraussetzungen für Veränderungen beim Einzelnen und in der Gesellschaft: Wie gelingt eine echte Energiewende?

1 Konkret ausbuchstabiert wurden mögliche Steigerungen bei erneuerbaren Energien und Energieeffizienz einmal am Beispiel Sachsens unter meiner Mitwirkung im Energie- und Klimakonzept für Sachsen des BUND Sachsen, siehe www.bund-sachsen.de/energiekonzept.

2 Ausführlicher dazu Ekardt, Theorie, § 2 und Felix Ekardt: Steuerungsdefizite im Umweltrecht – Ursachen unter besonderer Berücksichtigung des Naturschutzrechts und der Grundrechte, Sinzheim 2001, §§ 9–18.

3   Vgl. Uwe Schneidewind/Mandy Singer-Brodowski: Transforma-
    tive Wissenschaft: Klimawandel im deutschen Wissenschafts- und
    Hochschulsystem, Marburg 2014; viel diskutiert und umstritten
    ferner das Gutachten des WBGU (Wissenschaftlicher Beirat der
    Bundesregierung Globale Umweltveränderungen): Gesellschafts-
    vertrag für eine Große Transformation, Berlin 2011.

4   Zu praktischen Handlungsoptionen gibt es eine breite Populär- und
    Alltagsliteratur; vgl. etwa Peter Unfried: ÖKO – Al Gore, mein Kühl-
    schrank und ich, Köln 2008.

5   Vgl. Wuppertal Institut, Deutschland, passim.

6   Vgl. zur Umweltbewusstseinsforschung ausführlich und kritisch
    Ekardt, Steuerungsdefizite, § 13. Die gängige Energiewendelitera-
    tur übergeht das, wenn sie zum Beispiel Zustimmungsraten in der
    Bevölkerung »zur Energiewende« referiert; siehe exemplarisch
    Rosenkranz, Energiewende, S. 15.

7   Vgl. dazu ausführlicher Rosenkranz, Energiewende, ab S. 113 und
    passim.

8   Vgl. Elinor Ostrom: Was mehr wird, wenn wir teilen. Vom gesell-
    schaftlichen Wert der Gemeingüter, München 2013.

9   Vgl. Edward Wilson: Die soziale Eroberung der Erde. Eine biologi-
    sche Geschichte des Menschen, München 2013; zu den Einseitig-
    keiten und Missgriffen dieser Forschungsrichtung siehe kurz den
    Beitrag von Felix Ekardt, in: Süddeutsche Zeitung vom 09. 04. 2013,
    S. 22.

10 Vgl. zum Folgenden näher Ekardt, Steuerungsdefizite, §§ 14, 18; Fe-
    lix Ekardt, in: ders. (Hg.): Generationengerechtigkeit und Zu-
    kunftsfähigkeit, Hamburg, Münster 2006, ab S. 27; die Art der Dar-
    stellung folgt Ekardt, Theorie, § 2 D.

11 Die nachstehende Auflistung ist entnommen aus dem Energie- und
    Klimakonzept für Sachsen des BUND Sachsen, siehe www.bund-
    sachsen.de/energiekonzept.

12 Siehe etwa Ekardt, Theorie, § 6 A. II.

IV
Politik der Energiewende:
Erfolge, Misserfolge und Alternativen

1   Das Kollektivgutproblem, die Kostenlosigkeit der kollektiven Güter
    und die Idee ihrer »Bepreisung« sind Standardthemen der Umwelt-
    ökonomie; vgl. schon Lutz Wicke: Umweltökonomie. Eine praxis-
    orientierte Einführung, 4. Aufl. München 1993; Hans Christoph

Binswanger/Heinz Frisch/Hans Nutzinger, Arbeit ohne Umweltzerstörung. Strategien für eine neue Wirtschaftspolitik, Frankfurt
am Main 1989.

2 Eine nähere Darstellung und Kritik liefert Ekardt, Theorie, § 6 D.

3 Die jeweils aktuellen Verhandlungsstände finden sich unter www.
unfccc.int.

4 Vgl. für den gesamten Abschnitt wieder Ekardt, Theorie, § 6 D. IV.
einschließlich der dortigen weiteren Nachweise. Die nachstehende
Darstellung folgt dem Abschlussbericht in einem 2014 endenden
Projekt der Forschungsstelle für das Umweltbundesamt bzw. Bundesumweltministerium.

5 Ausführlich dargelegt bei Friedrich Schmidt-Bleek: Grüne Lügen:
Nichts für die Umwelt, alles fürs Geschäft – wie Politik und Wirtschaft die Welt zugrunde richten, Berlin 2014 (der allerdings bei
den politischen Instrumenten und der Erklärung der menschlichen
Motivationslage – sowie bei der ethischen Dimension – die wesentlichen Dinge nicht anspricht).

6 Die Vor- und Nachteile dieser an sich ähnlichen Ansätze (sowie
von Subventionsumbauten) werden diskutiert bei Ekardt, Theorie,
§ 6 E. I. und in einem im Sommer 2014 endenden Projekt für das
Bundesumweltministerium zur nationalen Klimapolitik, das feder-
führend bei meiner Forschungsstelle lag. Dagegen würde ein welt-
weiter Pro-Kopf-Emissionshandel zwischen allen Menschen weltweit (Personal Carbon Trading), also mit den einzelnen Menschen
statt den Staaten (und innerhalb der Staaten den Primärenergieunternehmen) als Händlern, in südlichen Ländern, wo Menschen
oft nicht einmal ein Bankkonto haben, unüberschaubare Vollzugs-
und vor allem auch Kontrollprobleme aufwerfen.

7 Zu entsprechenden Berechnungen siehe: www.bmub.bund.de/
presse/pressemitteilungen/pm/artikel/340000-arbeitsplaetze-
durch-erneuerbare-energien.

8 Besonders eingehend Wicke/Spiegel/Wicke-Thüs: Kyoto PLUS;
die Grundintention verfechten auch IPCC-Mitglieder wie Ottmar
Edenhofer et. al.: A Global Contract on Climate Change, Policy Paper, Potsdam 2008; letztlich auch Hans-Werner Sinn: Das grüne
Paradoxon. Plädoyer für eine illusionsfreie Klimapolitik, Berlin
2008; im Anschluss daran und an ältere Ideen aus den 1990er Jahren jetzt auch WBGU: Der Budgetansatz, Berlin 2009.

9 Der nachstehende Ansatz wird breiter dargestellt und diskutiert
bei Ekardt, Theorie, § 6 E. III.

10 Siehe etwa die drei Beiträge von Gerd Winter, Bernhard Wegener

und Martin Beckmann/Andreas Fisahn in der Zeitschrift für Umweltrecht 2009, Heft 6.

11 Die darin ebenfalls transportierte Vorstellung, es könne kein Recht auf Naturnutzung geben, vgl. Berger, Schatten, ab S. 49, ist unzutreffend, denn es gibt kein vom Menschen unabhängiges »Eigenrecht der Natur«, und Natur ist auch nicht per se »unbezahlbar«, auch wenn ich solche Einwände bei Vorträgen immer wieder höre. Die von Berger vorgeschlagene Unterscheidung zwischen »absoluter« und »relativer« Gerechtigkeit hat damit keine rationale Grundlage. Ausführlicher gegen – nur vereinzelt vertretene – ökozentrische Ansätze in der Philosophie Ekardt, Theorie, § 4 F. II.

12 Vgl. etwa Sinn, Paradoxon.

13 Im Einzelnen dazu Felix Ekardt/Andrea Schmeichel: Border Adjustments, WTO Law, and Climate Protection, in: Critical Issues in Environmental Taxation 2008, S. 737 ff.; Ekardt, Theorie, § 7 C.

14 Vgl. dazu etwa IÖW: Klimawirkungen der Landwirtschaft in Deutschland, Berlin 2008, ab S. 16; Ekardt, Theorie, § 6 E. V.

15 Vgl. dazu bereits IPCC: Special Report on Land Use, Land-Use Change and Forestry, 2000, Chapter 3.

16 Ausführlich dazu Felix Ekardt/Bettina Hennig: Ökonomische Instrumente und Bewertung der Biodiversität: Lehren für den Naturschutz aus dem Klimaschutz?, Marburg 2014, i.E.

17 Im Einzelnen dazu Ekardt/Hennig/Hyla, Landnutzung, ab S. 11.

18 Vgl. IAASTD: Global Summary for Decision Makers, Johannesburg 2008; Mae-Wan Ho/Lim Li Ching: Mitigating Climate Change through Organic Agriculture and Localized Food Systems, 2008, www.i-sis. org.uk/mitigatingClimateChange.php.

19 Ausführlich zur Rolle der Kommunen Felix Ekardt/Bettina Hennig: Chancen und Grenzen kommunaler Klimaschutzkonzepte, Marburg 2014.

20 Die nachstehende Auflistung ist entnommen aus dem Energie- und Klimakonzept für Sachsen des BUND Sachsen (im Kern verfasst von mir zusammen mit Jutta Wieding), siehe www.bund-sachsen.de/energiekonzept.

21 Siehe Ekardt/Hennig, Chancen, ab S. 35.

22 Dazu allgemein Felix Ekardt/Christian Heitmann/Davor Susnjar: Sicherung sozial-ökologischer Standards durch Partizipation, Düsseldorf 2012 und Felix Ekardt: Information, Partizipation, Rechtsschutz: Proceduralisierung von Gerechtigkeit und Steuerung in der Europäischen Union, 2. Aufl. Münster 2010.

V
Nachhaltigkeit, Gerechtigkeit, Glück:
Perspektiven der Energiewende

1 Vgl. zum Folgenden Ekardt, Theorie, § 1 C.

2 Vgl. statt vieler Rudolf Steinberg: Der ökologische Verfassungsstaat, Frankfurt am Main 1998, S. 114; Guy Beaucamp: Das Konzept
einer zukunftsfähigen Entwicklung im Recht, Tübingen 2002, ab
S. 18; demgegenüber im Sinne der hier verteidigten Begriffsbil-
dung Konrad Ott/Ralf Döring: Theorie und Praxis starker Nachhaltigkeit, Marburg 2004; teilweise auch Ivo Appel: Staatliche Zu-
kunfts- und Entwicklungsvorsorge, Tübingen 2005, ab S. 339;
implizit ebenso Herwig Unnerstall: Rechte zukünftiger Generationen, Würzburg 1999.

3 Zur Kritik schon Ekardt, Theorie, § 1 C.; in puncto Wirtschaftswachstum zutreffend, ansonsten teilweise aber die Punkte im
Fließtext übergehend Appel, Zukunftsvorsorge, ab S. 339.

4 Ott/Döring, Theorie; Stefan Siemer, in: Ekardt, Generationengerechtigkeit, ab S. 129.

5 Ausführlich und zutreffend hierzu Appel, Zukunftsvorsorge, ab
S. 339.

6 Die nachstehenden Überlegungen folgen (dort wie immer weitere
Nachweise) knapp der näheren Analyse bei Ekardt, Theorie, § 3.

7 Wie bei Ekardt, Theorie, § 4 näher hergeleitet wird, kann das (deutsche, europäische usw.) Recht zwar aufzeigen, dass das Freiheits-
aus dem Menschenwürde- und dem Unparteilichkeitsprinzip folgt,
und es lassen sich auch ungefähre Inhalte jener Prinzipien ermitteln. Die Frage »warum Menschenwürde« (und teilweise auch deren Inhalt) ist jedoch nur über das logisch in der Menschenwürde
als Hintergrund Vorausgesetzte klärbar – also über ihre ethische
Begründung.

8 Ausführlicher dazu Ekardt, Theorie, § 3 B.

9 Vgl. Immanuel Kant: Kritik der reinen Vernunft, Riga 1781.

10 Begründungsansätze, die dem vorliegenden Ansatz (teilweise) ähnlich sind, entwickeln dagegen (ohne Bezug zur Nachhaltigkeit und
zum Klimaschutz): Robert Alexy: Recht, Vernunft, Diskurs, Frankfurt am Main 1995, ab S. 127; Christian Illies: The Grounds of Ethical Judgement, Oxford 2003, ab S. 129; Wolfgang Kuhlmann: Reflexive Letztbegründung, Freiburg 1985; Karl-Otto Apel/Matthias
Kettner: Zur Anwendung der Diskursethik in Politik, Recht und
Wissenschaft Frankfurt am Main 1993; Jürgen Habermas: Moralbewusstsein und kommunikatives Handeln, Frankfurt am Main

1983, teilweise ab S. 56. Die Klassiker Immanuel Kant und John Rawls bleiben demgegenüber mindestens unvollständig; dies klingt im Fließtext kurz an.

11 Instrumentelle Vernunft kann natürlich auch zur Suche nach effektiven Mitteln für die Verwirklichung ganz eigennütziger Ziele angewendet werden. Etwa: »Wie schaffe ich es, dass mich Herr Müller nicht beobachtet, wenn ich sein Portemonnaie klaue?«

12 Die Feststellung faktisch häufig sehr »subjektiver« Perspektiven setzt vielmehr schon logisch voraus, dass es auch objektive Perspektiven gibt – denn sonst wäre das Subjektive an den subjektiven Perspektiven gar nicht sinnvoll bestimmbar. Ebenso – nur meist übersehen – für genau diese Differenzierung das berühmte Werk von Peter Berger/Thomas Luckmann: Die gesellschaftliche Konstruktion der Wirklichkeit, Frankfurt am Main 1960, S. 2.

13 Vgl. die beiden wohl bekanntesten, aber in vielen Einzelheiten durchaus gegensätzlichen ökonomischen Ansätze bei Stern und bei William Nordhaus: A Question of Balance. Weighing the Options on Global Warming Policies, New Haven 2008.

14 Dieses Menschenwürdeprinzip ist selbst kein Freiheits-, Grundrespektive Menschenrecht. Dieses Prinzip ist sogar überhaupt keine auf konkrete Einzelfälle zugeschnittene Rechtsnorm, auch nicht eine solches des objektiven Rechts. Die Menschenwürde ist vielmehr der Grund der Freiheits- bzw. Menschenrechte, statt selbst ein Recht zu sein; sie dirigiert damit die Anwendung der anderen Normen, hier also der verschiedenen Freiheitssphären der betroffenen Bürger, und gibt die Autonomie als Leitidee der Rechtsordnung vor. Die »Unantastbarkeit« der Würde und ihr auch in Normen wie Artikel 1 Absatz 2–3 des deutschen Grundgesetzes sichtbarer Charakter als »Grund« der Rechte zeigen, dass dies nicht nur philosophisch, sondern auch rechtsinterpretativ einleuchtet; zum diesbezüglichen Diskussionsstand Ekardt, Theorie, § 4 B.; ähnlich Christoph Enders: Die Menschenwürde in der Verfassungsordnung, Tübingen 1997; anderer Ansicht etwa Ernst-Wolfgang Böckenförde: Menschenwürde als normatives Prinzip, in: Juristenzeitung, Bd. 58, 2003, S. 809–815.

15 Dass Freiheit um der Würde willen besteht, ist etwa in Artikel 1 Absatz 2 des Grundgesetzes explizit ausgesprochen (»darum«, also um der Würde willen, gibt es die menschenrechtlichen Freiheitsgarantien).

16 Die nachstehenden Überlegungen folgen (dort wie immer weitere Nachweise) in stark verkürzter Weise Ekardt, Theorie, § 4.

17 Man könnte meinen, dass europa- und völkerrechtlich ein Teil der Menschenrechte – nämlich die allgemeine Handlungsfreiheit – nicht vorkomme, so dass der Ansatz, »alles auf die Freiheit zurückzuführen«, dort per se nicht funktionieren könne. Ich halte das jedoch nicht für richtig; denn die Freiheit im umfassenden Sinne lässt sich jenseits formaler Menschenrechtserklärung als allgemeines Völkerrechtsprinzip herleiten. Näher dazu Ekardt, Theorie, § 4.

18 Das Recht und die Moral »sind« nicht notwendigerweise das, was jemand Bestimmtes (und sei es eine Mehrheit) rein faktisch dafür hält. »Mehrheiten« oder »bereits ergangene Gerichtsurteile« sind für die Gerechtigkeit aber relevant, wenn es mehrere denkbare Lösungen einer Gerechtigkeits- oder Rechtsfrage gibt. Wir sehen das näher bei der Abwägungslehre; vgl. zum Ganzen Ekardt, Theorie, § 4 und § 5 sowie § 1 D. III. 4.

19 Gemeint ist das Recht auf Selbstentfaltung bzw. auf Abwesenheit von Zwang (Thomas Hobbes). Nicht gemeint die »Willensfreiheit«, also die Frage, über die Biologen und Philosophen erbittert streiten: Ob der Mensch überhaupt hirnphysiologisch die Fähigkeit mitbringt, »selbst« Entscheidungen zu treffen – oder ob der Mensch in Wirklichkeit vollständig determiniert ist. Diese Frage wird möglicherweise nie ganz zu beantworten sein, unter anderem weil sie in Aporien führt. Verneint man die prinzipielle Entscheidungsfähigkeit von Menschen, also die Willensfreiheit, ergeben moralische und rechtliche Diskurse per se keinerlei Sinn mehr. Deshalb mag diese Frage auf sich beruhen. Ob es demgegenüber ein Recht auf Freiheit, im Sinne von Selbstentfaltung, gibt, ist eine Frage, die im Fließtext zu diskutieren sein wird.

20 Nachweise zur Diskussion finden sich in der Darstellung des Problems bei Ekardt, Theorie, § 5 C. II. 2.

21 Es ist auch unter brillanten Wissenschaftlern (wie Niklas Luhmann) leider ein beliebtes Missverständnis, zu denken, »universale« Freiheit (also die Geltung des Freiheitsprinzips an jedem Ort der Welt) bedeute zugleich die absolute Abwesenheit von Abwägungen. Dies sind zwei ganz verschiedene Fragen; wenn Freiheit mit Freiheit nun einmal jeden Tag kollidiert, dann kann auf Abwägungen unmöglich verzichtet werden.

22 Aus einem Klima-Sein folgt niemals ein Sollen; aus Fakten folgt nie, was im Leben richtigerweise geschehen sollte. Auch wenn manche Politiker das vielleicht gerne so hätten, weil sie dann nicht die Verantwortung für ihre zuweilen fatalen Entscheidungen tragen müssten. Zur Sein-Sollen-Scheidung und zur genauen Relevanz

von Tatsachen und Tatsachenunsicherheit in Abwägungen (und überhaupt in rechtlich-moralischen Entscheidungen) auch Ekardt, Theorie, § 5 C. II. 2.

23 Näher dazu Ekardt, Theorie, § 3 D. und § 5 C. III; Ekardt/Hennig, Instrumente, i. E.

24 John Rawls: A Theory of Justice, Cambridge/Mass. 1971 behauptet zum Beispiel lediglich, dass wir auch intergenerationell denken sollten.

25 Einzelheiten dazu bei Ekardt, Theorie, § 3. So sieht Jürgen Habermas: Faktizität und Geltung, Frankfurt am Main 1992, S. 537 die Basis des Freiheitsprinzips, das Autonomieprinzip als »dogmatische« (also nicht begründete) Setzung an. Lediglich das zweite große Moralprinzip neben der Autonomie, das ebenfalls die Freiheit begründende (dazu im Fließtext) Unparteilichkeitsprinzip, sieht Habermas als universal zwingend begründbar an; zu Letzterem Habermas, Moralbewusstsein, ab S. 56.

26 Dazu auch Rolf Peter Sieferle/Fridolin Krausmann/Heinz Schandl: Das Ende der Fläche. Zum gesellschaftlichen Stoffwechsel der Industrialisierung, Köln 2006, S. 133, 160 und passim; Marcel Hänggi: Wir Schwätzer im Treibhaus: Warum die Klimapolitik versagt, Zürich 2008, ab S. 218.

27 Siehe für nähere Einzelheiten etwa Rosenkranz, Energiewende.

28 Dass diese Herangehensweise sinnvoller ist, wird auch in der Umweltökonomie seit langem so diskutiert (etwa in den Arbeiten von Erik Gawel, Bernd Hansjürgens und Hans Nutzinger).

29 In diesem Sinne mit unterschiedlichen Nuancierungen OECD, Trade, Employment, and Labour Standards, 1996, ab S. 105; Elmar Rieger/Stephan Leibfried: Grundlagen der Globalisierung, Frankfurt am Main 2002; Fritz Scharpf: Politische Optionen im vollendeten Binnenmarkt, in: Markus Jachtenfuchs/Beate Kohler-Koch (Hg.): Europäische Integration, Opladen 2003, S. 219 ff.; Hans-Werner Sinn: The New Systems Competition, Oxford 2003; Carl Christian von Weizsäcker: Die Logik der Globalisierung, 2. Aufl. Göttingen 2000. Zur empirischen Widerlegung solcher Äußerungen, die den »Wettlauf« abstreiten oder ihn für ausschließlich heilsam erklären, vgl. neben dem Fließtext auch Wolfram Spelten: WTO und nationale Sozialordnungen, Berlin 2005, ab S. 135.

30 Vgl. zur klassischen Theorie des internationalen Handels David Ricardo: On the Principles of Political Economy and Taxation, London 1817; siehe ferner Bertil Gotthard Ohlin: Interregional and International Trade, Cambridge 1933.

31 Die Folge von alledem wäre freilich auch, das Völkerrecht, wie schon bisher das Europarecht, als strikt höherrangig gegenüber nationalem Recht zu begreifen; dazu Felix Ekardt/Verena Lessmann: Die dritte Gewalt im transnationalen Mehrebenensystem, in: Kritische Justiz 2006, Heft 4, S. 381–397; aktualisiert in Ekardt, Theorie, § 7 B.

32 Vgl. in Ansätzen Rosemary Lyster: Seperating the Wheat from the Chaff: Regulating Greenhouse Gas Emissions in a Climate of Uncertainity, in: Carbon & Climate Law Review 2007, S. 89–104; Franz-Josef Radermacher: Global Marshall Plan, Wien 2004; Paul Baer/Tom Athanasiou/Sivan Kartha/Eric Kemp-Benedict: The Right to Development in a Climate Constrained World. The Greenhouse Development Rights Framework, Paper of the Heinrich-Böll-Stiftung, EcoEquity, and the Stockholm Environmental Institute, 2007.

33 Vgl. dazu Baer/Athanasiou/Kartha/Kemp-Benedict, Right. Die ärmeren Entwicklungsländer sollen nach jenem Ansatz keinerlei Klimaschutzverpflichtungen auferlegt bekommen. Dem liegt jedoch wieder latent der verfehlte Ansatz »Weniger Klimapolitik, um den Armen sozial Gutes zu tun« zugrunde, den das Modell Emissionshandel mit Finanztransfer respektive Ökobonus ja gerade überwindet. Weiterhin läuft das GDR-Konzept der nötigen Ausgewogenheit bei den historischen Emissionen zuwider. Darüber hinaus ist ein freiheitszentrierter Ansatz mit »kollektiven Entwicklungsrechten« unvereinbar.

34 Ausführlicher dazu Ekardt, Theorie, § 6 E.

35 Vgl. zu weiteren Einwänden näher Ekardt, Theorie, § 3 C., etwas dazu, dass mein eigener Ansatz nicht etwa »rein westlich« oder zirkulär oder seinerseits von einem naturalistischen Fehlschluss abhängig ist.

36 Prononciert in diese Richtung Paech, Befreiung und Harald Welzer: Selbst Denken. Eine Anleitung zum Widerstand, Frankfurt am Main 2013.

37 Siehe etwa Mathias Binswanger, Tretmühlen des Glücks, Freiburg 2006.

38 Vgl. die berühmte Formulierung von der Kolonialisierung der Lebenswelt bei Jürgen Habermas: Theorie des kommunikativen Handelns, Bd. 2, Frankfurt am Main 1981.

Literatur

Alexy, Robert: Recht, Vernunft, Diskurs: Studien zur Rechtsphilosophie, Frankfurt am Main 1995.

Apel, Karl-Otto/Kettner, Matthias (Hg): Zur Anwendung der Diskursethik in Politik, Recht und Wissenschaft, Frankfurt am Main 1993.

Appel, Ivo: Staatliche Zukunfts- und Entwicklungsvorsorge. Zum Wandel der Dogmatik des Öffentlichen Rechts am Beispiel des Konzepts der nachhaltigen Entwicklung im Umweltrecht, Tübingen 2005.

Baer, Paul/Athanasiou, Tom/Kartha, Sivan/Kemp-Benedict, Eric: The Right to Development in a Climate Constrained World. The Greenhouse Development Rights Framework, Berlin 2007.

Bartosch, Ulrich/Hennicke, Peter/Weiger, Hubert (Hg.), Gemeinschaftsprojekt Energiewende: Der Fahrplan zum Erfolg, München 2014.

Beaucamp, Guy: Das Konzept einer zukunftsfähigen Entwicklung im Recht. Untersuchungen zur völkerrechtlichen, europarechtlichen, verfassungsrechtlichen und verwaltungsrechtlichen Relevanz eines neuen politischen Leitbildes, Tübingen 2002.

Beckmann, Martin/Fisahn, Andreas: Probleme des Handels mit Verschmutzungsrechten – eine Bewertung ordnungsrechtlicher und marktgesteuerter Instrumente in der Umweltpolitik, in: Zeitschrift für Umweltrecht 2009, Heft 6, S. 299–307.

Behrens, Arno/Giljum, Stefan: Der globale Ressourcenabbau: Warum Zukunftsfähigkeit ohne Dematerialisierung nicht möglich ist, in: Forum für angewandtes systemisches Stoffstrommanagement, Jahrgang 3, 2005, S. 13–17.

Berger, Hartwig: Der lange Schatten des Prometheus. Über unseren Umgang mit Energie, München 2009.

Berger, Peter/Luckmann, Thomas: Die gesellschaftliche Konstruktion der Wirklichkeit. Eine Theorie zur Wissenssoziologie, Frankfurt am Main 1960.

Binswanger, Hans-Christoph/Frisch, Heinz/Nutzinger, Hans: Arbeit ohne Umweltzerstörung. Strategien für eine neue Wirtschaftspolitik, Frankfurt am Main 1989.

Binswanger, Mathias: Tretmühlen des Glücks. Wir haben immer mehr und werden nicht glücklicher. Was können wir tun?, Freiburg 2006.

Böckenförde, Ernst-Wolfgang: Menschenwürde als normatives Prinzip. Die Grundrechte in der bioethischen Debatte, in: Juristenzeitung, Bd. 58, 2003, S. 809–815.

BUND (Bund für Umwelt und Naturschutz Deutschland) Sachsen: Energie- und Klimakonzept für Sachsen, Chemnitz 2014.

Daly, Herman: Beyond Growth. The Economics of Sustainable Development, Boston 1996.

Edenhofer, Ottmar et al.: A Global Contract on Climate Change, Policy Paper, Potsdam 2008.

Ekardt, Felix: Theorie der Nachhaltigkeit: Rechtliche, ethische und politische Zugänge – am Beispiel von Klimawandel, Ressourcenknappheit und Welthandel, 3. Aufl. (2. Aufl. der Neuausgabe) Baden-Baden 2014.

Ekardt, Felix/Hennig, Bettina: Ökonomische Instrumente und Bewertung der Biodiversität: Lehren für den Naturschutz aus dem Klimaschutz?, Marburg 2014.

Ekardt, Felix/Bettina Hennig: Chancen und Grenzen kommunaler Klimaschutzkonzepte. Grundprobleme und Beispiele, Marburg 2014.

Ekardt, Felix: Die soziale Eroberung der Erde, in: Süddeutsche Zeitung vom 09.04.2013, S. 22.

Ekardt, Felix/Wulff, Justus: Energiespeicherung und Energieleitungsbau als Governance- und Rechtsproblem, in: Jahrbuch des Umwelt- und Technikrechts 2012, S. 63–86.

Ekardt, Felix/Exner, Anne-Katrin: The Clean Development Mechanism as a Governance Problem, in: Carbon & Climate Law Review 2012, Issue 4, S. 396–407.

Ekardt, Felix/Christian Heitmann/Davor Susnjar: Sicherung sozial-ökologischer Standards durch Partizipation. Das Beispiel nichtstaatlicher Akteure im internationalen Recht, Düsseldorf 2012.

Ekardt, Felix/van Riesten, Hilke/Hennig, Bettina: CCS als Governance- und Rechtsproblem, Zeitschrift für Umweltpolitik und Umweltrecht 2011, S. 409–435.

Ekardt, Felix/Hehn, Nina: Bauplanungsrecht, Nachhaltigkeit und Peak Oil, in: Zeitschrift für Umweltrecht 2011, Heft 9, S. 415 ff.

Ekardt, Felix: Information, Partizipation, Rechtsschutz: Prozeduralisierung von Gerechtigkeit und Steuerung in der Europäischen Union, 2. Aufl. Berlin, Münster 2010.

Ekardt, Felix/Hennig, Bettina/Hyla, Anna: Landnutzung, Klimawandel, Emissionshandel und Bioenergie. Studien zu Governance- und Menschenrechtsproblemen der völker- und europarechtlichen Klimapolitik im Post-Kyoto-Prozess, Berlin, Münster 2010.

Ekardt, Felix/Schmeichel, Andrea/Heering, Mareike: Europäische und nationale Regulierung der Bioenergie und ihrer ökologisch-sozialen Ambivalenzen, Natur und Recht 2009, S. 222.

Ekardt, Felix/Meyer-Mews, Swantje/Schmeichel, Andrea/Steffenhagen, Larissa: Globalisierung und soziale Ungleichheit – Welthandelsrecht und Sozialstaatlichkeit, Düsseldorf 2009.

Ekardt, Felix/Schmeichel, Andrea: Border Adjustments, WTO Law, and Climate Protection, in: Critical Issues in Environmental Taxation 2009, S. 737 ff.

Ekardt, Felix (Hg.): Generationengerechtigkeit und Zukunftsfähigkeit. Philosophische, juristische, ökonomische, politologische und theologische Neuansätze, Hamburg, Münster 2006.

Ekardt, Felix/Lessmann, Verena: EuGH, EGMR und BVerfG – Die dritte Gewalt im transnationalen Mehrebenensystem, in: Kritische Justiz 2006, Heft 4, S. 381–397.

Ekardt, Felix: Steuerungsdefizite im Umweltrecht – Ursachen unter besonderer Berücksichtigung des Naturschutzrechts und der Grundrechte, Sinzheim 2001.

Enders, Christoph: Die Menschenwürde in der Verfassungsordnung. Zur Dogmatik des Art. 1 GG, Tübingen 1997.

Gellings, Clark (Hg.): Efficient Use and Conservation of Energy in Encyclopedia of Life Support Systems (EOLSS), EOLSS Publishers 2004.

Habermas, Jürgen: Theorie des kommunikativen Handelns, Bd. 2: Zur Kritik der funktionalistischen Vernunft, Frankfurt am Main 1981.

Habermas, Jürgen: Faktizität und Geltung. Beiträge zur Diskurstheorie des Rechts und des demokratischen Rechtsstaates, Frankfurt am Main 1992.

Habermas, Jürgen: Moralbewusstsein und kommunikatives Handeln, Frankfurt am Main 1983.

Hänggi, Marcel: Wir Schwätzer im Treibhaus: Warum die Klimapolitik versagt, Zürich 2008.

Hennicke, Peter/Welfens, Paul: Energiewende nach Fukushima: Deutscher Sonderweg oder weltweites Vorbild?, München 2012.

Ho, Mae-Wan/Ching, Lim Li: Mitigating Climate Change through Organic Agriculture and Localized Food Systems, 2008, www.i-sis. org. uk/mitigatingClimateChange.php

IAASTD (International Assessment on Agricultural Knowledge, Science and Technology for Development): Global Summary for Decision Makers, Johannesburg 2008.

Illies, Christian: The Grounds of Ethical Judgement. New Transcendental Arguments in Moral Philosophy, Oxford 2003.

IÖW (Institut für ökologische Wirtschaftsforschung): Klimawirkungen der Landwirtschaft in Deutschland, Berlin 2008.

IPCC (Intergovernmental Panel on Climate Change): Vierter und fünfter Sachstandsbericht, 2007 und 2014.

IPCC: Special Report on Land Use, Land-Use Change and Forestry, 2000.

Jackson, Tim: Wohlstand ohne Wachstum. Leben und Wirtschaften in einer endlichen Welt, München 2011.

Kant, Immanuel: Kritik der reinen Vernunft, Riga 1781.

Kemfert, Claudia: Die andere Klima-Zukunft. Innovation statt Depression, Hamburg 2008.

Koch, Hannes/Pötter, Bernhard/Unfried, Peter: Stromwechsel: Wie Bürger und Konzerne um die Energiewende kämpfen, Frankfurt am Main 2012.

Kommission Bodenschutz: Bodenschutz beim Anbau nachwachsender Rohstoffe, Dessau 2008.

Kuhlmann, Wolfgang: Reflexive Letztbegründung. Untersuchungen zur Transzendentalpragmatik, Freiburg 1985.

Löhr, Dirk: Zins und Wirtschaftswachstum, Forum für angewandtes systemisches Stoffstrommanagement, Jahrgang 3, 2005, S. 33–42.

Lomborg, Björn: Cool it! Warum wir trotz Klimawandel kühlen Kopf bewahren sollten, München 2007.

Lyster, Rosemary: Seperating the Wheat from the Chaff: Regulating Greenhouse Gas Emissions in a Climate of Uncertainity, in: Carbon & Climate Law Review 2007, S. 89–104.

Meadows, Dennis: Die Grenzen des Wachstums, Hannover 1972.

Nordhaus, William: A Question of Balance. Weighing the Options on Global Warming Policies, New Haven 2008.

OECD Trade, Employment, and Labour Standards, 1996.

OECD: Conduction Sustainability Assessments, 2008.

Ohlin, Bertil Gotthard: Interregional and International Trade, Cambridge 1933.

Ostrom, Elinor: Was mehr wird, wenn wir teilen. Vom gesellschaftlichen Wert der Gemeingüter, München 2013.

Ott, Konrad/Döring, Ralf: Theorie und Praxis starker Nachhaltigkeit, Marburg 2004.

Paech, Niko: Befreiung vom Überfluss. Auf dem Weg in die Postwachstumsökonomie, München 2012.

Pehnt, Martin (Hg.): Energieeffizienz. Ein Lehr- und Handbuch, Berlin 2010.

Radermacher, Franz-Josef: Global Marshall Plan, Wien 2004.

Radermacher, Franz-Josef: Klimapolitik nach Doha – Hindernisse in Lösungen verwandeln, Ulm 2012, www.globalmarshallplan.org/sites/default/files/imce/download_files/121213%20Klimapolitik%20nach%20Doha.pdf

Radkau, Joachim: Die Ära der Ökologie: Eine Weltgeschichte, München 2011.

Radkau, Joachim: Natur und Macht. Eine Weltgeschichte der Umwelt, München 1999.

Rawls, John: A Theory of Justice, Cambridge/Mass. 1971.

Ricardo, David: On the Principles of Political Economy and Taxation, London 1817.

Rieger, Elmar/Leibfried, Stephan: Grundlagen der Globalisierung. Perspektiven des Wohlfahrtstaates, Frankfurt am Main 2001.

Rodrik, Dani: Das Globalisierungs-Paradox. Die Demokratie und die Zukunft der Weltwirtschaft, München 2011.

Rosenkranz, Gerd: Energiewende 2.0. Aus der Nische zum Mainstream, Berlin 2014.

Sachverständigenrat für Umweltfragen: Sondergutachten Biomasse, Berlin 2007.

Scharpf, Fritz: Politische Optionen im vollendeten Binnenmarkt, in: Jachtenfuchs, Markus/Kohler-Koch, Beate (Hg.): Europäische Integration, Opladen 2003, S. 109–140.

Scheer, Hermann: Energieautonomie: Eine neue Politik für erneuerbare Energien, München 2005.

Schmidt, Matthias: Wachstum mit Zukunft, in: Forum für angewandtes systemisches Stoffstrommanagement, Jahrgang 3, 2005, 7–11.

Schmidt-Bleek, Friedrich: Grüne Lügen: Nichts für die Umwelt, alles fürs Geschäft – wie Politik und Wirtschaft die Welt zugrunde richten, Berlin 2014.

Schneidewind, Uwe/Singer-Brodowski, Mandy: Transformative Wissenschaft: Klimawandel im deutschen Wissenschafts- und Hochschulsystem, Marburg 2014.

Sieferle, Rolf Peter/Krausmann, Fridolin/Schandl, Heinz: Das Ende der Fläche. Zum gesellschaftlichen Stoffwechsel der Industrialisierung, Köln 2006.

Siemer, Stefan: Nachhaltigkeit unterscheiden. Eine systemtheoretische Gegenposition zur liberalen Fundierung der Nachhaltigkeit, in: Ekardt, Felix (Hg.): Generationengerechtigkeit und Zukunftsfähigkeit. Philosophische, juristische, ökonomische, politologische und theologische Neuansätze in der Umwelt-, Sozial- und Wirtschaftspolitik, 2006, S. 129–153.

Sinn, Hans-Werner: Das grüne Paradoxon. Plädoyer für eine illusionsfreie Klimapolitik, Berlin 2008.

Sinn, Hans-Werner: The New Systems Competition. A Construction Principle for Europe, Oxford 2003.

Spelten, Wolfram: WTO und nationale Sozialordnungen. Ethische, ökonomische und institutionelle Dimensionen der Integration einer Sozialklausel in das Welthandelsrecht, Berlin 2005.

Steinberg, Rudolf: Der ökologische Verfassungsstaat, Frankfurt am Main 1998.

Stern, Nicholas: Stern Review Final Report, London 2006.

Stern, Nicholas: A Blueprint for a Safer Planet. How to Manage Climate Change and Create a New Era of Progress and Prosperity, London 2009.

Unfried, Peter: ÖKO – Al Gore, mein Kühlschrank und ich, Köln 2008.

Unnerstall, Herwig: Rechte zukünftiger Generationen, Würzburg 1999.

WBGU (Wissenschaftlicher Beirat der Bundesregierung Globale Umweltveränderungen): Gesellschaftsvertrag für eine Große Transformation, Berlin 2011.

WBGU: Der Budgetansatz, Berlin 2009.

Wegener, Bernhard W.: Die Novelle des EU-Emissionshandelssystems, in: Zeitschrift für Umweltrecht 2009, Heft 6, S. 283–288.

Weizsäcker, Carl Christian von: Die Logik der Globalisierung, 2. Aufl. Göttingen 2000.

Weizsäcker, Ernst-Ulrich von/Lovins, Amory/Lovins, Hunter: Faktor 4. Doppelter Wohlstand, halbierter Naturverbrauch, München 1995.

Welzer, Harald: Selbst Denken. Eine Anleitung zum Widerstand, Frankfurt am Main 2013.

Wicke, Lutz/Spiegel, Peter/Wicke-Thüs, Inga: Kyoto PLUS. So gelingt die Energiewende. Nachhaltige Energieversorgung PLUS globale Gerechtigkeit, München 2006.

Wicke, Lutz: Umweltökonomie. Eine praxisorientierte Einführung, 4. Aufl. München 1993.

Wilson, Edward: Die soziale Eroberung der Erde. Eine biologische Geschichte des Menschen, München 2013.

Winter, Gerd: Das Klima ist keine Ware. Eine Zwischenbilanz des Emissionshandelssystems, in: Zeitschrift für Umweltrecht 2009, Heft 6, S. 289–299.

Wuppertal Institut für Klima, Umwelt, Energie: Zukunftsfähiges Deutschland in einer globalisierten Welt, Frankfurt am Main 2008.

Wustlich, Guido: Das Recht der Windenergie im Wandel – Teil 1: Windenergie an Land, in: Zeitschrift für Umweltrecht 2007, Heft 1, S. 16–24.

Wustlich, Guido: Das Recht der Windenergie im Wandel – Teil 2: Windenergie auf See, in: Zeitschrift für Umweltrecht 2007, Heft 3, S. 122–130.

Zahrnt, Angelika/Seidl, Irmi (Hg.), Postwachstumsgesellschaft: Konzepte für die Zukunft, Marburg 2010.

Sachregister

Die Abkürzung »ff.« wird nachstehend stets so verwendet, dass die Seiten, auf die damit verwiesen wird, mit dem jeweiligen Abschnitt enden.

Abwägung von Grundrechten/Belangen/Interessen 138 ff., 145 ff.
Armut 100 ff., 152 ff., 156 ff.
Atomausstieg 39 ff.
Atomenergie 39 ff.

Bevormundung 145 ff.
Bioenergie/Biomasse 43 ff.
Braunkohle 36 ff.

Carbon Capture and Storage (CCS) (siehe CO_2-Abscheidung und -speicherung) 57 ff.
Clean Development Mechanism (CDM) 31 ff., 100 ff.
CO_2-Abscheidung und -speicherung (auch Kohlenstoffabscheidung, auch Carbon Capture and Storage, CCS) 57 ff.

Demokratie 121 ff., 138 ff., 147 ff.

Eigennutzen 70 ff., 75 ff., 83 ff., 100 ff.
Emissionshandel bzw. Emissions Trading Scheme (ETS) 100 ff., 111 ff.
Energieeffizienz 48 ff., 92 ff., 100 ff.
Energiemix/Strommix 36 ff., 92 ff., 110 ff.
Energiewende von unten 78 ff.

Entwaldung 22 ff., 116 ff.
Entwicklungsländer 100 ff., 156 ff.
Erneuerbare-Energien-Gesetz (EEG) 43 ff., 110 ff.
EU 100 ff., 112 ff.

Fleischkonsum 22 ff., 50 ff., 116 ff.
Fossile Brennstoffe 18 ff., 22 ff., 36 ff.
Fracking 36 ff.
Freiheit 130, 138 ff., 145 ff.
Fukushima 21 f., 39 ff.

Gaskraftwerke 36 ff.
Geo-Engineering 57 ff.
Geothermie (Erdwärme) 43 ff.
Gerechtigkeit 130, 138 ff., 145 ff.
Glück 52 ff., 161 ff.
Grundrechte 130, 138 ff., 145 ff.

Intergovernmental Panel on Climate Change (IPCC) (auch Weltklimarat) 22 ff., 31 ff.

Kapazitätsmärkte 36 ff.
Kapitalismus 52 ff., 161 ff.
Kernfusion 57 ff.
Klimaflüchtlinge (auch Migration) 22 ff., 31 ff.
Klimarahmenkonvention 92 ff., 100 ff.
Klimawandel 22 ff., 31 ff., 100 ff.
Kohlekraftwerke/Tagebaue 36 ff., 57 ff.
Kohlenstoffabscheidung (siehe CO_2-Abscheidung und -speicherung) 57 ff.

Über den Autor

© privat

Felix Ekardt, Jahrgang 1972, Jurist, Soziologe und Philosoph, ist Leiter der Forschungsstelle Nachhaltigkeit und Klimapolitik in Leipzig und Berlin sowie Professor für öffentliches Recht und Rechtsphilosophie an der Universität Rostock und Fellow am Forschungsinstitut für Philosophie Hannover. Seine Forschungsschwerpunkte sind unter anderem Umweltrecht und Nachhaltigkeitspolitik sowie Gerechtigkeitstheorie. Regelmäßige Beiträge in Radio, Fernsehen und überregionalen Tageszeitungen; Politikberatung zur Energie- und Klimawende und allgemein zu Nachhaltigkeitsthemen auf EU-, Bundes- und Landesebene; zahlreiche Kommissionsmitgliedschaften, Auszeichnungen und Vorträge, etwa auf den Weltkongressen der Rechtsphilosophen, der Rechtssoziologen, der Düngerforscher, der Nachhaltigkeitsforscher und auf dem Weltökosteuerkongress. Im Ehrenamt ist er unter anderem Landesvorsitzender des BUND Sachsen.

Dieter Eich / Ralf Leonhard
Umkämpfte Rohstoffe
Märkte, Opfer, Profiteure

208 Seiten, Broschur
16,90 € (D); 17,40 € (A)
ISBN 978-3-86153-710-6

Bei anhaltendem Rohstoffverbrauch auf bisherigem Niveau benötigen wir in 25 Jahren drei (!) Erden, um den Bedarf zu decken. In einigen Industriezweigen gibt es bereits jetzt einen deutlichen Mangel an seltenen Metallen. Für die bei Rohstoffen extrem importabhängige deutsche Industrie sind gravierende Auswirkungen absehbar, wenn keine Alternativen erschlossen werden. Doch die Politik hat eine gezielte Ressourcen schonende Wirtschaftsstrategie verschlafen und setzt allein auf höheres Wachstum. In der Folge hat an den Märkten ein teils brutaler Wettbewerb begonnen, in dessen Verlauf seltene Rohstoffe zunehmend auch als politische »Drohstoffe« eingesetzt werden.

Die Autoren geben einen Überblick zu den wichtigsten Rohstoffen, ihren Hauptförderern und den neuen Technologien bei der Gewinnung. Sie erklären die Mechanismen der Märkte, analysieren die Rolle der Spekulanten und zeigen, wer beim Rohstoffpoker gewinnt und verliert. Abschließend präsentieren sie alternative Nachhaltigkeitsmodelle und unterbreiten Vorschläge für entsprechende politische Regelungen.

www.christoph-links-verlag.de

Ch.Links

Terje Tvedt
Wasser
Eine Reise in die Zukunft

Aus dem Norwegischen von
Andreas Brunstermann

256 Seiten, Festeinband mit
Schutzumschlag
19,90 € (D); 20,50 € (A)
ISBN 978-3-86153-732-8

Die Zukunft des Wassers ist die Zukunft der Menschheit. Leben wir in einem Jahrhundert der Dürren oder der Überflutungen? Oder beides? Der Zugriff auf Wasser wird einen großen Einfluss haben auf die globalen Kräfteverhältnisse, die Umwelt und das Gleichgewicht zwischen Arm und Reich. Wasser wird über Krieg oder Frieden entscheiden und die Entwicklung der Länder und Kontinente bestimmen. Anders als andere Rohstoffe entzieht sich das Wasser der totalen Kontrolle.

In 25 Ländern auf allen Kontinenten sucht Terje Tvedt Antworten auf diese Fragen. Er folgt dem Lauf der großen Flüsse, besucht gigantische Wasserbauprojekte wie das MOSE-Projekt in Venedig, den Drei-Schluchten-Staudamm in China und den größten unterirdischen Ozean, spricht mit Experten über ihre Beobachtungen und Prognosen. Spannungsreich berichtet er von den Bemühungen der einzelnen Länder, den Herausforderungen zu begegnen und Lösungen für die Zukunft zu finden.

Ch.Links

www.christoph-links-verlag.de